中国会计评论
CHINA ACCOUNTING REVIEW

名誉顾问

厉以宁/北京大学
梁尤能/清华大学

主　编

王立彦　陈　晓　吕长江　刘　星　刘志远

编　委（按编委姓名拼音排序）

陈　晓/清华大学	刘志远/南开大学
陈信元/上海财经大学	吕长江/复旦大学
刘　峰/中山大学	曲晓辉/厦门大学
刘　星/重庆大学	王立彦/北京大学

特邀编委

靳庆鲁/上海财经大学	吴　溪/中央财经大学
夏立军/上海交通大学	祝继高/对外经济贸易大学
陈冬华/南京大学	辛清泉/重庆大学
薛　健/清华大学	李青原/武汉大学

编辑部

罗　炜/北京大学	肖　星/清华大学
李　娟/北京大学出版社	伍利娜/北京大学

主编助理

许　骞/中国农业大学

编辑部 IT 事务

曾建光/重庆大学

知网平台地址

http://zkjp.cbpt.cnki.net/WKD/WebPublication/index.aspx？mid＝zkjp

《中国会计评论》理事会

（按大学、机构名称拼音字母排序）

CHINA ACCOUNTING REVIEW

理 事

北京大学	吴联生
北京工商大学	毛新述
北京理工大学	陈宋生
北京师范大学	崔学刚
重庆大学	刘 星
东北财经大学	方红星
对外经济贸易大学	陈德球
复旦大学	洪剑峭
国泰安 CSMAR	崔凯龙
哈尔滨工业大学	王福胜
华中科技大学	郭 炜
吉林大学	赵 岩
暨南大学	黎文靖
南京大学	王跃堂
南开大学	张继勋
清华大学	肖 星
山西大学	张信东
上海财经大学	孙 铮
上海交通大学	徐晓东
石河子大学	吴昊旻
苏州大学	罗正英
武汉大学	李青原
西安交通大学	田高良
西南财经大学	蔡 春
西南交通大学	叶 勇
厦门大学	杜兴强
云南财经大学	余怒涛
浙江大学	陈 俊
浙江工商大学	胡国柳
郑州航空工业管理学院	张功富
中国人民大学	支晓强
中南财经政法大学	王雄元
中山大学	魏明海
中央财经大学	孟 焰
《中国会计评论》编委会	王立彦

中国会计评论

第 19 卷 第 4 期

2021 年 12 月

目 录

文 章

财务信息化与组织韧性
——一项基于问卷的实证研究
……………………… 张 越 陈 磊 李憨劼 (519)

商业信用的宏观经济预测价值研究
………………………………… 马永强 张志远 (545)

董事网络联结与政府补助获得
………………………………… 梁上坤 曹 伟 闫珍丽 (575)

会计师事务所内部薪酬差距激励了谁?
………………………………… 杨世信 刘运国 蔡 祥 (605)

信用评级付费模式重要吗?
基于债券信用评级的研究
………………………………… 陈关亭 朱 松 连立帅 (637)

卖空机制与企业产能利用率
——来自转融券制度的自然实验
………………………………… 潘凌云 董 竹 (661)

CHINA ACCOUNTING REVIEW

Vol. 19　No. 4

December, 2021

CONTENTS

Articles

Financial Informationization and Organizational Resilience: Empirical Evidence Based on a Survey
　　················· Yue Zhang　Lei Chen　Minjie Li　(519)

Research on the Macroeconomic Forecasting Value of Trade Credit
　　················· Yongqiang Ma　Zhiyuan Zhang　(545)

Board Network Ties and Government Subsidies Acquistion
　　················· Shangkun Liang　Wei Cao　Zhenli Yan　(575)

Who is Motivated by the Pay Gap within Accounting Firms?
　　················· Shixin Yang　Yunguo Liu　Xiang Cai　(605)

Is Payment Mode Important? Evidence from Credit Rating of Bond
　　················· Guanting Chen　Song Zhu　Lishuai Lian　(637)

Short Selling and Firm Capacity Utilization Rate: A Natural Experiment from the Qualified Securities for Short-sale Refinancing System
　　················· Lingyun Pan　Zhu Dong　(661)

财务信息化与组织韧性
——一项基于问卷的实证研究

张 越 陈 磊 李懋劼*

摘 要 随着中国企业日益关注管理会计创新实践,其对财务管理信息系统的投入也在不断加大,财务信息化的经济后果就成为一个值得深入研究的重要话题。本文以 2020 年新冠肺炎疫情为背景,实证检验财务信息化程度对组织韧性的影响。基于一项针对建筑业企业的调查问卷,我们从财务共享服务平台、管理会计软件、远程办公系统三个信息化维度进行了实证分析。研究结果显示,财务共享服务平台更成熟和远程办公系统更完善的企业在疫情期间受到的负面冲击更小,表现出更高的组织韧性;但实证结果未能支持管理会计软件与组织韧性具有正向相关关系的假设。本文从组织韧性视角为财务信息化的经济后果提供了新的证据。

关键词 财务信息化 组织韧性 财务共享服务平台 管理会计软件 远程办公系统

Financial Informationization and Organizational Resilience: Empirical Evidence Based on a Survey

Yue Zhang Lei Chen Minjie Li

Abstract The investment in financial management systems is increasing as Chinese firms become more aware of the innovation practice in management accounting. Accordingly, it is important to further explore the economic consequences of financial informationization. This paper investigates the effect of financial informationization on organizational resilience in the context of the COVID-19 pandemic. Based on a survey of construction firms, we conduct

---

* 张越、陈磊,北京大学光华管理学院;李懋劼,中国兵器装备集团有限公司财务部。通信作者:陈磊;地址:北京市海淀区颐和园路 5 号;邮编:100871;E-mail:chentl@gsm.pku.edu.cn。

the empirical tests from three dimensions of informationization: financial shared service centers, management accounting software, and remote office system. The results show that firms with higher financial shared service center maturity and better remote office system are more resilient, as they suffered less negative impact during the pandemic. However, our findings do not support the hypothesized positive association between management accounting software usage and organizational resilience. This study provides new evidence on the consequences of financial informationization from the perspective of organizational resilience.

Key Words Financial Informationization; Organizational Resilience; Financial Shared Service Centers; Management Accounting Software; Remote Office System

一、引　言

席卷全球的信息化浪潮推动信息技术与各行各业深度融合，深刻改变了整个社会的生产生活方式。财务信息化是信息技术在财务领域落地的重要成果，在实践中得到广泛应用，企业纷纷希望借此提升管理水平、实现降本增效。相应地，有关财务信息化对企业发展作用效果的研究日益受到关注。然而，目前此类大样本实证研究并不多，并且现有研究大多围绕财务信息化带来的运营效率优化和业绩提升效应展开探讨（叶康涛和孙芋杭，2019；陈宋生和魏素艳，2008），很少关注其在组织管理决策方面的战略价值。

本文从管理会计视角探究财务信息化对组织韧性的影响。当下企业面临诸多不确定性，能否有效应对环境变化、保持稳定发展，对企业的生存与发展至关重要。组织韧性是一个组织理解环境变化并做出调整的能力（Ortiz-de-Mandojana and Bansal，2016），韧性强的组织更能经受住考验，在剧烈变化的环境中获得持久的竞争优势。2020年年初暴发的新冠肺炎疫情给企业经营带来了巨大冲击，企业受疫情影响的程度和反应情况变得显性可见，为检验组织韧性提供了一个很好的情境。

财务信息化能够在企业应对危机的过程中发挥重要作用。当危机来临时，环境不确定性急剧上升，企业对管理决策效率和效果的要求远高于平常。财务信息化能够提高会计信息的及时性、准确性和相关性，降低信息处理成本，促进信息分享，更好地支持管理决策和组织战略需求（张瑞君等，2010；汪森军等，2007；王可和周亚拿，2019）。财务信息化程度高的企业在疫情期间能够及时响应、迅速调配资源，将疫情的负面影响降到最小，这在多个企业案例中得到验证。例如，国家电力投资集团有多个子公司，其中财务共享和信息化领先的子公司业绩考核表现更好，管理决策更及时、有效（杨亚，2020）。又如，北汽集团推动财务管理从"核算反映型"向"智能决策型"转变，经过多年沉淀形成的财务数字化转型成果有力支撑了疫情后企业的全面复工复产（萧枭，2020）。因此，我们预期财务信息化能够提高组织韧性。

本文主要从三个方面衡量财务信息化：财务共享服务平台建设、管理会计软件使用和疫情期间远程办公。《财政部关于全面推进管理会计体系建设的指导意见》（财会〔2014〕27号，后文简称《指导意见》）提出，财务共享服务平台建设和管理会计软件使用是面向管理会计信息系统建设的两个重要举措；考虑到疫情的特殊性，员工难以像往常一样在公司工作，我们还加入了疫情期间远程办公作为信息化的第三个指标。基于2020年4月对建筑业企业的调查问卷数据，用疫情对企业冲击程度衡量组织韧性，我们发现财务共享服务平台建设成熟和疫情期间远程办公程度高的企业表现出更强的组织韧性，而管理会计软件使用与组织韧性没有显著关系。具体而言，相对于尚未建设也不打算建设财务共享服务平台的企业，财务共享服务平台建设成熟的企业2020年第一季度盈利、收入比上年同期下降幅度均减少10%以上；同时，企业2020年第一季度盈利、收入和新签合同的下降幅度在远程办公程度高的企业中显著减弱。上述结果在更换回归模型和变量分类的情况下依然稳健。

本文可能的贡献体现在：第一，从财务信息化影响组织韧性的视角分析了信息化的价值。与以往关注日常运营效率的文献相比（叶康涛和孙苈杭，2019；陈宋生和魏素艳，2008），本文验证了财务信息化的战略价值（韦程元和陈磊，2020）。第二，具体分析了各个层面的信息化指标对组织韧性的作用。以往文献往往仅单独考察财务共享服务平台建设或某种会计软件使用（何瑛等，2013；叶康涛和孙苈杭，2019；王立彦和张继东，2007），而不同的信息化指标之间很可能具有较强的相关性，探究一种信息化指标的作用时应同时考虑其他指标，才能验证其增量贡献。第三，丰富了有关组织韧性影响因素的研究。以往文献多从利益相关者关系视角，分析人力资源管理、企业社会责任、社会和环境实践等因素对组织韧性的促进作用（Ortiz-de-Mandojana and Bansal，2016，Lü et al.，2019，DesJardine et al.，2019，Carvalho and Areal，2016），少有涉及信息在企业决策中的价值。本文从信息提供视角探究了财务信息化对组织韧性的影响。第四，用实证方法证明了信息化能够帮助企业抵抗外部冲击，为逆境中的管理实践提供了参考。我们的调查显示，51%的企业认为疫情推动了线下业务加速向线上转型，46%的企业认为此次疫情引发了对财务工作自动化与智能化的思考，众多案例也表明信息化有利于企业迅速复工复产，而本文首次从实证角度验证了这些观点的可靠性，为准备在财务信息化建设投资布局的企业提供了参考和借鉴。

二、文献回顾与研究假设

(一) 财务信息化的经济后果

以往研究财务信息化经济后果的文献，主要关注财务信息化能否提升企业的经营业绩。绝大多数文献认为财务信息化有助于改善经营效率、提升企业业绩。Hendricks et al.(2007)发现美国公司使用ERP之后资产收益率有所上升，而且较早使用ERP的公司业绩改善更明显。类似地，王立彦和张继东(2007)对中国上市公司实施ERP的情况进行统计，发现实施ERP公司的业绩显著优于没有实施ERP公司。ERP在非上市公司中应用并不广泛，叶康涛和孙苇杭(2019)首次分析了非上市公司会计软件的使用情况，发现会计软件的使用显著提高了企业生产率。马健和李连军(2020)选取三家建筑装饰行业的上市公司，探究财务共享模式的经济后果，发现财务共享模式有利于改善公司的营运能力和盈利能力，尤其当公司处于发展瓶颈或行业不景气时，引入财务共享模式有利于提升公司的竞争力，他们将其归因于财务管理模式转型带来的公司经营效率提升。

也有学者认为，财务信息化的实施可以看作一种长期战略投资，其本意并不是提升短期经营效率，而是作为基础信息设施，长期服务于企业的经营活动和各项决策。因此，企业业绩的提升并非立竿见影，业绩随时间非线性变化，长期来看财务信息化有助于业绩改善。Nicolaou(2004)利用美国上市公司实施ERP公告进行大样本检验，结果表明尽管公司的资产收益率在ERP实施当年和下一年呈现下降趋势，但从整体财务指标来看，ERP实施2—4年后经营效率有所改善。类似地，张露等(2013)发现企业实施ERP后经营效率提升很快，而盈利能力改善则比较滞后。具体到经营效率的各个方面，陈宋生和魏素艳(2008)发现企业引入ERP后两年内，尽管存货周转率和应收账款周转率略有下降，但资金使用效率有所提高。财务共享服务平台对企业业绩的影响同样存在先升后降的波动性，其对经营效率(如应收账款周转率和现金周转率)的提升作用比对业绩指标的提升作用更加明显(何瑛等，2013)。

然而需要注意的是，财务信息化是一个长期、复杂的工程，对企业的资金实力和内外部条件都有一定要求，并非所有企业在任何时点都适合进行财务信息化。为应付上级检查或盲目从众而实施的财务信息化反而有损企业业绩（孙健等，2017）。《指导意见》在鼓励企业建立财务共享服务平台时指出，大型企业和企业集团更适合试点财务共享服务模式。因此，财务信息化对企业业绩的影响也需要考虑具体情境。

上述文献关注的是财务信息化对企业业绩的作用，也有学者探究信息化实施的客户体验，以及信息化对盈余质量的影响。李闻一和穆涌（2013）的问卷调查结果表明，客户普遍认为财务共享服务平台提高了会计业务处理的正确率和可靠性，集中的财务工作具有规模效益，提升了管理控制水平；然而，客户感知的实际服务质量与标准质量之间仍存在差距，其中成本降低的差距最大，客户认为财务共享服务平台并未达到降低成本的预期效果。此外，陈宋生和杨培培（2013）发现信息化还增加了管理者操纵数据的难度，提高了财务信息的可靠性。

通过对现有文献的回顾，我们发现财务信息化的影响还可以从以下两个方面进一步探究：第一，信息化对企业的影响多种多样，而大样本实证研究关注的结果变量较为单一，集中于经营效率和企业业绩等直接影响，很少有文献探究超出日常经营之外的影响。财务信息化对企业的影响有直接和间接两个方面：直接影响是指提高生产经营管理水平所带来的可见的经济效益，间接影响是指信息化带来的企业战略、企业文化和管理职能变革等（王立彦和张继东，2007；韦程元和陈磊，2020；Nicolaou，2004）。本文关注的组织韧性即属于间接影响的一种，表示企业在逆境中的灵活应对能力，更加注重财务信息化对决策的战略支持功能。第二，现有文献往往只关注财务信息化的某个类别，例如ERP、其他会计软件或财务共享服务平台。随着财务信息化的深入开展，一个企业可能存在多种财务信息化类型，哪一种效果更好，需要结合在一起分析。本文同时考虑了财务共享服务平台、会计软件使用和企业临时信息化策略，探究其对组织韧性的影响。

（二）组织韧性

韧性（resilience）是一个跨学科的概念，每个学科关注韧性的不同层面，但它们蕴含的核心思想是类似的，即系统或个体受到扰动后回弹的能力（李连刚等，2019）。宏观层面的韧性研究关注经济韧性，例如一国经济遭遇外部冲击后恢复增长的能力、小国经济的宏观分析以及区域和城市的可持续发展等，规模、经济实力和政策都是影响经济韧性的重要因素（苏杭，2015）。微观层面的韧性研究关注个体韧性，认为它是一种心理资本，具有韧性特质的员工工作绩效和组织承诺水平更高，会做出更多组织公民行为；拥有较高韧性的管理者能够保持积极的心理状态,灵活应对挑战(仲理峰,2007;王林等,2019)。中观层面的韧性研究则关注组织韧性,其被定义为一个组织理解环境变化并做出调整的能力(Ortiz-de-Mandojana and Bansal,2016)。尽管微观研究中的韧性概念偏重静态的个体特质,但是组织韧性概念并不认为韧性存在"有"和"无"的分界,而是将其视为一个动态的、可以被发展的能力(Ma et al.,2018)。因此,学者从各方面探究了影响组织韧性的因素,期望解释为什么有些组织能够平稳度过危机甚至变得更好,而有些组织在逆境中却应对乏力。

以往研究组织韧性影响因素的文献,主要围绕组织与利益相关者的关系讨论如何提升组织韧性,以及探究韧性在各个组织管理情境中的体现(Ma et al.,2018)。例如,积极承担社会责任与开展社会和环境实践能够帮助企业获得较好的声誉和深厚的社会基础,提升员工满意度,在供应链和资本市场上建立良好关系,实现与社会和自然系统的资源分享和互动,从而帮助企业顺利度过逆境(Ortiz-de-Mandojana and Bansal,2016;Lü et al.,2019;DesJardine et al.,2019)。被评选为"最佳雇主"的企业,虽然在平时没有表现出更高的绩效,但在危机来临时却能更好地应对(Carvalho and Areal,2016)。Gittell et al.(2006)分析"9·11"事件后航空业企业的表现,发现关系储备、财务储备和商业模式对组织韧性有重要影响。Williams et al.(2017)将组织韧性的来源总结为财务能力、认知能力、行为能力、情绪管理能力和关系建构能力五个方面的禀赋,认为这些禀赋提升了企业对环境的适应性和应对挑战的积极性,从而增强了组织韧性。还有学者探究了供应链管理、产品创新、农业生产等特定领域的组织韧性(樊雪梅和卢梦媛,2020;Akgun and Keskin,2014;Tisch and Galbreath,2018)。

也有学者探究了信息的处理利用和管理控制对组织韧性的影响。Sincora et al.(2018)发现商业分析技术的使用可以提升组织韧性,他们从资源基础观和动态能力理论出发,认为当企业用商务分析技术重构其数据和信息时,这些数据和信息就变成了稀缺的、不可替代的资源,有助于企业做出决策、制定规划、抓住机会和发现问题,从而增强企业应对挑战的能力。He et al.(2020)以新冠肺炎疫情为研究情境,发现公司在信息和沟通技术方面的投资能够提升组织韧性,以往这方面投资更多的企业在疫情暴发时股价的负向异常收益率更小。Beuren and Santos(2019)利用巴西的问卷数据,发现赋能型管理控制系统和规制型管理控制系统都能在一定程度上提升组织韧性,尽管后者只对组织韧性中的情境韧性发挥作用。这说明赋能型管理系统鼓励沟通、跨团队合作、灵活性和去中心化等特质,有利于组织成员在逆境中创造性地发现机会和解决问题;

而规制型管理控制系统并没有像人们预想的那样僵硬固化。上述文献均强调了信息处理和沟通过程对组织韧性的重要性,而本文从信息生成和提供的视角,探究财务信息化对组织韧性的影响。

(三) 财务信息化与组织韧性

组织韧性反映了组织抵御危机或应对不确定性的能力(Williams et al.,2017)。当不确定性增强时,决策者对信息的需求上升(于连超等,2020;刘惠好和冯永佳,2020)。而财务报告的功能是真实地反映企业各项业务活动,提供决策有用的信息(刘峰和葛家澍,2012)。因此,财务系统能否提供高质量的信息,对组织韧性的构建十分重要。

在数字经济背景下,财务信息化是会计发展的重要议题。2009年以来,财政部发布了一系列指导意见和工作规范[1],旨在深化会计改革,践行国家信息化发展战略,推进财务信息化建设。财务共享服务平台的建设和会计软件的使用是财务信息化建设中的两个重要部分,接下来本文分别讨论二者对组织韧性的作用。

财务共享服务是指将企业集团各个成员单位的财务业务集中到一个新的财务平台统一处理,以较低的成本和较高的效率为集团成员单位提供标准化、流程化的财务服务(张瑞君等,2010)。分散式的财务核算不能适应企业规模扩张、多元化和国际化的需求,各成员单位分别核算再层层汇报,即使聘用大量财务人员也难以将信息迅速汇总到集团总部,无法真正实现会计信息的决策支持职能;同时,各成员单位的财务处理标准不一,信息质量难以保证;公司内部形成一个个"信息孤岛",不利于交流协作。财务共享服务平台的建设,统一了整个集团的会计科目和流程设计,将各个会计子系统集成化,为企业决策提供更准确、相关、实时共享的精细化信息(何瑛和周访,2013);同时,便于对项目的成本预算、结算、进度审批、发票和收付款等进行全过程管理,在业务流程中融入各项管控要求,提升了企业的经营管理水平(付建华和刘梅玲,2019)。此外,部门财务人员从财务核算中解放出来,向业务财务和管理会计工作转型。综上,财务共享服务平台改善了信息提供的质量和效率,有利于企业迅速识别环境变化对其影响的程度和范围,及时调配资源,做出准确决策;加强了管理控制,提高了组织抗风险能力;提升了人员配置效率,增强了组织灵活性和创造性。因

---

[1] 包括《财政部关于全面推进我国会计信息化工作的指导意见》(财会〔2009〕6号)、《关于印发〈企业会计信息化工作规范〉的通知》(财会〔2013〕20号)及其解读文件,以及《财政部关于全面推进管理会计体系建设的指导意见》(财会〔2014〕27号)等文件。

此，我们预期财务共享服务平台的建设能够增强组织韧性。

我国财务信息化工作开展较早，企业已经基本实现财务会计模块的信息化，如总账、报表等（李闻一和穆涌，2013），本文主要讨论管理会计模块软件的使用。管理会计软件能将原始会计信息按多种规则进行分类、提取和分析，降低信息处理成本，提高会计信息利用效率，方便管理者决策（叶康涛和孙苇杭，2019）。同时，管理会计软件的使用还能提升提供信息和制订方案的速度。例如，一键生成管理会计报告，有助于管理者随时掌握企业当前的情况；疫情期间，企业纷纷将营销渠道从线下转移到线上，但网上招投标对成本核算的准确性和及时性提出了更高要求（王兴山，2020），管理会计软件有助于实时核算作业成本、扩大企业订单数量；危机中的企业往往会引入滚动预测来提高计划能力，已经采用滚动预测的企业也会增加预测频率和精细度（Becker et al.，2016），而使用预算管理软件和资金预测软件有助于企业更好地适应迅速变化的环境。因此，我们预期管理会计软件的使用能够提高企业对原始数据进行整合分析的能力和做出调整的速度，进而提升组织韧性。

财务共享服务平台和管理会计软件都是企业在危机前的信息化储备，需要消耗一定成本，那么企业应急采用的临时信息化策略是否有助于缓解危机冲击呢？由于新冠肺炎疫情限制了人员流动，面对面的传统沟通模式被打破，"云会议"和"云办公"确保了企业的复工筹备和后续的高效运营。我们用疫情期间远程办公代表企业的临时信息化策略。应急问题处理是对动态能力的补充，它在没有危机的情况下不会给企业带来任何成本（Winter，2003）。由于环境的波动总会超出企业的预期，因此危机中企业如何做应急处理也非常关键。远程办公是企业为了迅速恢复生产经营而采取的临时信息化策略，能最大限度地保证员工正常工作，避免因无法响应客户需求等造成的损失。因此，我们预期疫情期间远程办公能够减轻疫情的负面影响。综上所述，我们提出以下三个假设：

假设1　企业财务共享服务平台建设成熟度与组织韧性正相关。
假设2　企业使用管理会计软件程度与组织韧性正相关。
假设3　企业的临时信息化策略程度与组织韧性正相关。

三、研究设计

（一）数据来源

本文使用的数据来自对建筑业企业的问卷调查，由国内某大型IT企业于2020年4月12日至22日组织发放和回收，从管理会计视角对企业2020年第一季度生产经营情况进行调查。根据国家卫健委的新闻发布会,2020年3月29日我国本土疫情大规模传播已基本阻断。本文发放调查问卷的时间处于疫情高峰过后大部分企业已经复工复产的阶段,与疫情初期的调查(朱武祥等,2020;秦宇和李钢,2020;李建伟等,2020)相比,企业管理者已掌握与疫情有关的更多信息,能够更加准确地判断疫情对企业的影响。样本涵盖不同规模、产权性质和细分行业的企业,信息化程度差异较大,具有代表性。我们共回收有效问卷274份,每份问卷对应一个建筑业企业。由于2020年第一季度湖北省处于疫区中心,不确定性因素极多,为了缓解一些不可观测的遗漏变量对结论的影响,本文剔除答题者地点定位于湖北的企业(共10家)[2],最终得到264个观测值。

我们选取建筑业企业进行研究,有以下几个原因:第一,建筑业企业通常由一个母公司和旗下的子公司、孙公司构成,集团管理集中度较高,业务相对同质化,适合开展财务共享服务平台建设;同时,管理会计软件发挥成效需要统一的数据标准和业务流程,这往往依赖于成熟的财务共享和业财融合。这些特点使得建筑业企业适合作为财务信息化的研究对象。第二,建筑业企业项目地点分布广泛,而新冠肺炎疫情会阻碍人员的跨地区流动,企业对远程办公的需求强烈。第三,选取单一行业可以排除财务信息化行业间差异对结果的影响。由于在新冠肺炎疫情期间,对线下生产销售依赖程度高的行业受到的冲击更加明显,而外卖、电商等行业反而逆势增长,采用单一行业可以使我们的结论更能反映财务信息化本身对组织韧性的作用。因此,本文选取建筑业企业作为研究对象符合研究问题的需求。

(二) 变量度量

1. 被解释变量

借鉴 DesJardine et al.(2019)用危机中企业表现衡量韧性的思路,本文的调查问卷通过三个题项衡量组织韧性,表示新冠肺炎疫情对企业业绩的冲击程度。这三个题项分别是所在企业第一季度盈利水平、国内施工营业收入(以下简称"收入")和新签合同额与上年同期相比的变动百分比,对应变量分别为 Change_NetIncome%、Change_Revenue%、Change_NewContract%。选项设计为10个区间,分别为增长20%以上、增长10%—20%、增长0—10%、持平、

---

[2] 将是否位于湖北省定义为虚拟变量加入模型,本文结论仍然稳健。

降低 0—10%、降低 10%—20%、降低 20%—30%、降低 30%—50%、降低 50%—70%、降低 70% 以上。被解释变量取值为每个区间的中位数（如增长 10%—20% 则取值为 15），而第一个和最后一个选项按端点取值（如增长 20% 以上取值为 20）。使用企业业绩指标变动比例而非业绩绝对值衡量疫情冲击程度，缓解了可能存在的遗漏变量问题。

2. 主要解释变量

有关信息化的题项涉及财务共享服务平台、管理会计软件和远程办公系统三个方面。财务共享服务平台建设成熟度（FSSC）分为五个等级，分别为"比较成熟""初步建设并运营""正准备启动财务共享系统建设""尚未建设，有了解意向""尚未建设，也不打算建设"，分别取值为 4、3、2、1、0。管理会计软件使用涉及七个题项，分别考察企业在费用报销、预算管理、资金预测和计划、债权债务管理、管理会计报告、合同管理、成本管理与控制七个管理会计领域使用软件的情况。每个题项根据软件应用特点设计 5 个或 4 个选项，分别取值为 4、3、2、1、0 或 3、2、1、0，值越大代表软件使用程度越高。例如，关于使用费用报销软件进行费用管控情况的五个选项为："是，实现费用线上申请、审批、稽核全过程管控，并与第三方差旅集成"取值为 4，"是，实现费用线上申请、审批、稽核全过程管控，未与第三方差旅集成"取值为 3，"是，实现费用线上报销，未实现费用标准、费用预算管控"取值为 2，"尚未建设，有了解意向"取值为 1，"尚未建设，也不打算建设"取值为 0。而关于合同管理的四个选项为："合同在线下管理，未建立合同管理系统"取值为 0，"合同实现线上审批，未建立合同全过程管理软件工具"取值为 1，"已建立合同管理软件工具，实现合同全过程精细化管理"取值为 2，"在上述基础上已实现合同管理与招标管理、物资管理等 ERP 系统一体化应用"取值为 3。管理会计软件使用（Software）为七种软件使用得分的均值。疫情期间远程办公程度（RemoteWorking）的度量使用五点量表，由"非常高"到"非常低"分别取值为 4—0。最后，为了使各变量大小可比，我们将上述变量取值进行线性调整，最大值调整为 1，最小值调整为 0。

3. 控制变量

首先，本文控制了企业的基本特征，包括员工规模、产权性质、主要项目所在地和建筑业细分行业。员工规模（Size）用员工总数的自然对数衡量。对产权性质设置中央管理企业（Central）、地方国有企业（Local）、混合所有制企业（MixedOwnership）三个虚拟变量。若企业类型为中央管理企业、地方国有企业或混合所有制企业，则对应变量取值为 1；若三个变量均取值为 0，则表示企业类型为民营企业。问卷样本中不含外资企业。主要项目所在地(Oversea)在国外取值为1,在国内取值为0。对建筑业细分行业(Industry)变量,若企业属于勘察设计行业则Industry取值为1,若企业属于建筑施工行业则Industry取值为0。其次,我们控制了企业的管理会计工具应用能力(ManagTool),排除了因管理会计工具而非软件影响疫情冲击的可能性。将各种工具应用能力分别打分(0—4),然后加总得到ManagTool。此外,企业产品及服务的技术含量影响了其核心竞争力和利润,新冠肺炎疫情对于掌握核心技术的企业更可能是一种机遇,本文用企业对新型基础设施建设政策对本企业作用的感知——新基建政策利用情况(NewInfrastructure)衡量企业产品服务的差异(段文斌,2020),使用五点量表,从正向促进作用"很明显"至"很不明显"分别取值为4—0。最后,我们控制了与此次疫情十分相关的四个变量,分别为现金和融资约束(FinContraint)、管理能力(ManagAbility)、供应商供货困难(SupplierDiff)、运输管制(TransDiff),试图控制不可抗力因素对企业业绩的影响。变量具体定义见表1。

表1 变量定义

变量	变量含义	题项描述
Change_NetIncome%	第一季度盈利水平与上年同期相比的变动百分比	您所在企业第一季度盈利水平与上年同期相比增减情况:10个选项
Change_Revenue%	第一季度收入与上年同期相比的变动百分比	您所在企业第一季度国内施工营业收入与上年同期相比增减情况:10个选项
Change_NewContract%	第一季度新签合同额与上年同期相比的变动百分比	您所在企业第一季度新签合同额与上年同期相比增减情况:10个选项
FSSC	财务共享服务平台建设成熟度	您所在企业建设财务共享服务平台的情况:5个选项
Software	管理会计软件使用	7种软件使用得分的均值
Software_Expense	费用报销软件	您所在企业使用费用报销软件开展相关费用管控情况:5个选项
Software_Budgeting	预算管理软件	您所在企业使用预算管理软件工具开展相关管理情况:5个选项
Software_Cash	资金预测和计划软件	您所在企业使用相关软件工具开展资金预测和计划工作情况:5个选项
Software_RecPay	债权债务管理软件	您所在企业使用相关软件工具开展债权债务管理情况:5个选项
Software_Report	管理会计报告软件	您所在企业使用相关软件工具完成管理会计报告情况:4个选项

续表

变量	变量含义	题项描述
Software_Contract	合同管理软件	您所在企业使用相关软件工具加强合同管理情况:4个选项
Software_Cost	成本管理与控制软件	您所在企业使用相关软件工具加强成本管理与控制的情况:4个选项
RemoteWorking	远程办公程度	疫情期间您所在企业的远程办公程度:5个选项
ManagTool	管理会计工具应用能力	您所在企业拥有的管理会计工具应用能力在应对疫情中发挥多大程度的作用:含7种工具,每种对应5个选项(作用很高—作用很低)
Size	员工规模	您所在企业的员工总人数(含劳务派遣和各种临时用工人数,以上年同期为标准):8个选项
Oversea	主要项目所在地	您所在企业的主要项目是在国内还是在国外,在国外取值为1,在国内取值为0
Central	中央管理企业	您所在企业的类型,中央管理企业取值为1,否则取值为0
Local	地方国有企业	您所在企业的类型,地方国有企业取值为1,否则取值为0
MixedOwnership	混合所有制企业	您所在企业的类型,混合所有制企业取值为1,否则取值为0
Industry	细分行业	您所在企业所处的行业是勘察设计行业还是建筑施工行业,勘察设计行业取值为1,建筑施工行业取值为0
NewInfrastructure	新基建政策利用情况	新型基础设施建设政策对本企业的正向促进作用:5个选项
FinConstraint	现金和融资约束	疫情对企业生产运营造成的主要困难是否包括资金紧张、融资难度大,包括取值为1,否则取值为0
ManagAbility	管理能力	疫情对企业生产运营造成的主要困难是否包括管理水平不足,不包括取值为1,否则取值为0
SupplierDiff	供应商供货困难	疫情对企业生产运营造成的主要困难是否包括材料和设备配套厂家不能开工、无法供货,包括取值为1,否则取值为0
TransDiff	运输管制	疫情对企业生产运营造成的主要困难是否包括受运输管制影响、仓储物流运输受限,包括取值为1,否则取值为0

（三）模型设定

我们使用模型（1）验证三个假设：

$$\begin{aligned}\text{Change\_Performance}_i = &\ \alpha_0 + \alpha_1 \text{FSSC}_i + \alpha_2 \text{Software}_i + \alpha_3 \text{RemoteWorking}_i + \\ &\ \alpha_4 \text{ManagTool}_i + \alpha_5 \text{Size}_i + \alpha_6 \text{Central}_i + \alpha_7 \text{Local}_i + \\ &\ \alpha_8 \text{MixedOwnership}_i + \alpha_9 \text{Oversea}_i + \alpha_{10} \text{Industry}_i + \\ &\ \alpha_{11} \text{NewInfrastructure}_i + \alpha_{12} \text{FinConstraint}_i + \\ &\ \alpha_{13} \text{ManagAbility}_i + \alpha_{14} \text{SupplierDiff}_i + \\ &\ \alpha_{15} \text{TransDiff}_i + \varepsilon_i \end{aligned} \quad (1)$$

其中，$\text{Change\_Performance}_i$为以下三个变量之一：企业第一季度盈利水平与上年同期相比的变动百分比（Change_NetIncome%）、第一季度收入与上年同期相比的变动百分比（Change_Revenue%）、第一季度新签合同额与上年同期相比的变动百分比（Change_NewContract%）。我们预期α_1、α_2、α_3显著为正，表示财务信息化增强了组织韧性。

四、实证分析

（一）描述性统计

从表 2 Panel A 可以看出，在接受调研的企业中，员工规模小至 100 人以下、大至 5 万人以上，绝大多数属于大型或中型企业，小微企业较少。从产权性质看，88% 的样本是国有企业，其中 72% 是地方国有企业。97% 的样本企业的主要项目所在地位于国内，其余 3% 样本企业的主要项目所在地分布在东南亚、非洲、欧美、西亚等地。行业分布上，94% 的企业属于建筑业中的建筑施工行业，勘察设计行业占 6%。从 Panel B 可见，在地域分布上，问卷填写者主要集中于北京和上海，其中北京样本占比为 62.1%，上海样本占比为 6.1%，而其余地区样本较为分散。从 Panel C 可见，新冠肺炎疫情对企业经营整体产生负面影响。样本企业第一季度盈利水平较上年同期平均下降 17.311%，这主要源于收入的下降[3]，第一季度收入和新签合同额同比分别平均下降 19.867% 和 15.871%。从分位数和最值来看，少数企业有盈利和收入出现增长的情况。与同为疫情期间的中小微企业调查（朱武祥等，2020）结果相比，本文建筑业企业样本受疫情冲击情况相对较轻，可能源于行业性质和企业规模等方面的差异。

---

[3] 调查结果表明，疫情使企业第一季度综合成本上涨约 6.6%。

表 2 描述性统计

Panel A：样本构成

员工规模	占比	产权性质	占比	主要项目所在地	占比	行业	占比
100人以下	5%	中央管理企业	16%	国内	97%	建筑施工	94%
100—500人	25%	地方国有企业	72%	国外	3%	勘察设计	6%
500—1 000人	12%	混合所有制企业	6%				
1 000—5 000人	25%	民营企业	6%				
0.5万—1万人	12%						
1万—3万人	9%						
3万—5万人	8%						
5万人以上	4%						

Panel B：样本地域分布

地区	样本量	比例
北京	164	62.1%
上海	16	6.1%
江苏	8	3.0%
广东	7	2.7%
内蒙古	7	2.7%
山东	7	2.7%
陕西	7	2.7%
四川	6	2.3%
天津	6	2.3%
河北	5	1.9%
浙江	5	1.9%
重庆	5	1.9%
山西	4	1.5%
安徽	3	1.1%
河南	3	1.1%
辽宁	3	1.1%
海外	2	0.8%
湖南	2	0.8%
福建	1	0.4%
广西	1	0.4%
海南	1	0.4%
新疆	1	0.4%
总计	264	100.0%

续表

Panel C:变量描述性统计

变量	样本量	均值	标准差	最小值	25%分位数	中位数	75%分位数	最大值
Change_NetIncome%	264	−17.311	21.568	−70	−25	−15	0	20
Change_Revenue%	264	−19.867	22.712	−70	−25	−15	0	20
Change_NewContract%	264	−15.871	21.231	−70	−25	−5	0	20
FSSC	264	0.580	0.314	0	0.250	0.500	0.750	1
Software	264	0.464	0.211	0.036	0.321	0.458	0.571	1
Software_Expense	264	0.584	0.312	0	0.250	0.750	0.750	1
Software_Budgeting	264	0.444	0.340	0	0.250	0.250	0.750	1
Software_Cash	264	0.486	0.306	0	0.250	0.500	0.750	1
Software_RecPay	264	0.317	0.347	0	0.000	0.333	0.667	1
Software_Report	264	0.437	0.352	0	0.333	0.333	0.667	1
Software_Contract	264	0.491	0.291	0	0.333	0.333	0.667	1
Software_Cost	264	0.491	0.291	0	0.333	0.333	0.667	1
RemoteWorking	264	0.663	0.233	0	0.500	0.750	0.750	1
ManagTool	264	18.705	6.324	0	16	17	23	31
NewInfrastructure	264	2.398	0.966	0	2	2	3	4
FinConstraint	264	0.417	0.494	0	0	0	1	1
ManagAbility	264	0.917	0.277	0	1	1	1	1
SupplierDiff	264	0.602	0.490	0	0	1	1	1
TransDiff	264	0.417	0.494	0	0	0	1	1

企业间信息化程度存在明显差异,费用报销软件与疫情期间远程办公使用相对广泛。从分位数和最值看,企业财务共享服务平台建设成熟度(FSSC)平均分布于各阶段,其中间水平位于"正准备启动财务共享系统建设"。管理会计软件使用(Software)上,企业平均得分低于0.5(总分为1),均值和中位数分别是0.464和0.458;有少数企业得分为1,表示其管理会计活动熟练使用各种软件。分析软件的各种细分类型发现,费用报销软件与资金预测和计划软件使用较为广泛,二者均值(中位数)分别为0.584(0.750)和0.486(0.500);预算管理、管理会计报告、合同管理和成本管理与控制软件的使用分布明显右偏,说明大部分样本企业使用这些软件的程度偏低。企业疫情期间远程办公程度整体较高,至少75%的企业远程办公程度得分大于或等于0.5(满分为1)。

从控制变量看,疫情期间企业的管理会计工具应用能力(ManagTool)处于中等水平,对新基建政策利用(NewInfrastructure)好的企业数量超过利用不好的企业数量,疫情期间60.2%的企业遇到供应商供货困难(SupplierDiff),41.7%的企业遇到现金和融资约束(FinConstraint)和运输管制(TransDiff)的困难,而感到管理能力(ManagAbility)不足的企业占8.3%。

(二)相关性分析

表3列示了主要变量之间的相关系数。代表组织韧性的三个业绩指标之间具有强相关性,第一季度盈利水平、收入、新签合同额与上年同期相比的变动百分比两两之间相关系数均超过0.7。财务共享服务平台建设成熟度与管理会计软件使用、远程办公程度均显著正相关,相关系数分别为0.301和0.150,而远程办公程度与管理会计软件使用不相关。解释变量中,财务共享服务平台建设成熟度、远程办公程度与三个被解释变量均显著正相关,表明财务共享服务平台建设越成熟、疫情期间远程办公程度越高,企业盈利水平、收入、新签合同额下降越少;而管理会计软件使用与三个被解释变量均无显著相关关系。最后,员工规模与疫情冲击程度没有显著相关性,规模大的企业财务信息化水平更高。

表3 相关系数表

变量	(1)	(2)	(3)	(4)	(5)	(6)	(7)
(1) Change_NetIncome%	1.000						
(2) Change_Revenue%	0.774***	1.000					
(3) Change_NewContract%	0.714***	0.709***	1.000				
(4) FSSC	0.200***	0.210***	0.138**	1.000			
(5) Software	0.063	0.077	0.029	0.301***	1.000		
(6) RemoteWorking	0.143**	0.182***	0.163***	0.150**	0.042	1.000	
(7) Size	0.082	0.102*	0.077	0.127**	0.120*	0.158**	1.000

注:***、**、*分别表示在1%、5%和10%的统计水平上显著。

(三)单变量检验

我们按财务信息化三个变量的中位数分组,比较高(High)、低(Low)两组组织韧性的差异,表4报告了检验结果。与未建设或正在建设财务共享服务平台的企业相比,已经建成财务共享服务平台企业的第一季度盈利水平比上年同期下降幅度减少10.582%,收入下降幅度减少9.519%,新签合同额下降幅度减少5.645%,上述结果均在至少5%的统计水平上显著。然而,按管理会计软件使用情况分组,两组在三个组织韧性指标上均无显著差异。远程办公程度分组结果表明,远程办公程度较高的企业,第一季度收入下降幅度显著更低,盈利水平和新签合同额更高但差异不显著。上述结果初步验证了假设1和假设3。

表 4 单变量检验

变量	High	Low	Difference	t-stat
Panel A:按财务共享服务平台建设成熟度分组(FSSC)				
Change_NetIncome%	−11.899	−22.481	10.582***	4.103
Change_Revenue%	−15.000	−24.519	9.519***	3.475
Change_NewContract%	−12.984	−18.630	5.646**	2.175
N	129	135		
Panel B:按管理会计软件使用情况分组(Software)				
Change_NetIncome%	−15.909	−18.712	2.803	1.056
Change_Revenue%	−18.220	−21.515	3.295	1.180
Change_NewContract%	−14.886	−16.856	1.970	0.753
N	132	132		
Panel C:按疫情期间远程办公程度分组(RemoteWorking)				
Change_NetIncome%	−15.696	−19.717	4.021	1.488
Change_Revenue%	−17.753	−23.019	5.266*	1.855
Change_NewContract%	−14.146	−18.443	4.297	1.617
N	158	106		

注:***、**、*分别表示在1%、5%和10%的统计水平上显著。

(四)多元回归分析

表5列示了模型(1)的主要回归结果,第(1)列至第(3)列数据的被解释变量分别为企业第一季度盈利水平、收入和新签合同额与上年同期相比的变动百分比,根据模型(1)进行OLS回归,我们主要关注的解释变量是FSSC、Software和RemoteWorking。第一,三个被解释变量对FSSC的回归系数均显著为正,相对于尚未建设也不打算建设财务共享服务平台的企业,财务共享服务平台建设成熟企业的第一季度盈利水平较上年的减少幅度平均缩小10.90%,收入减少幅度平均缩小11.34%,新签合同额减少幅度平均缩小7.876%,表明财务共享服务平台显著减弱了疫情对企业业绩的冲击。第二,管理会计软件使用对缓解疫情冲击没有显著作用,这与单变量检验结果一致。可能的原因是,企业中财务信息化软件的各功能模块独立零散,缺乏整体规划和统一的数据平台支撑体系(韩向东和屈涛,2020),各信息平台相互之间在功能上不关联互通,在信息上不共享互换(财政部会计司,2015),因此仅仅依靠软件并不能提升企业快速决策

的效率,也就不能缓解企业在疫情中受到的冲击。但上述结论与以往文献发现的财务软件对企业业绩的改善并不冲突,因为日常经营效率与组织韧性是两个不同的维度,本文并没有否认软件使用对其他方面的积极效果。第三,远程办公显著改善了企业业绩,相对于远程办公程度极低的企业,远程办公程度非常高的企业第一季度盈利水平较上年同期的减少幅度平均缩小10.57%,收入减少幅度平均缩小12.96%,新签合同额减少幅度平均缩小14.43%。上述结果支持了假设1和假设3,而假设2没有得到支持。综合上述结果,企业对财务共享服务平台建设的投入和远程办公等临时性信息化策略增强了组织韧性,有助于企业更加平稳地度过逆境。

表5 多元回归分析

变量	Change_NetIncome% (1)	Change_Revenue% (2)	Change_NewContract% (3)
FSSC	10.90**	11.34**	7.876*
	(2.39)	(2.35)	(1.74)
Software	0.240	1.094	−0.864
	(0.04)	(0.15)	(−0.13)
RemoteWorking	10.57*	12.96**	14.43**
	(1.77)	(2.05)	(2.44)
ManagTool	−0.340	−0.235	−0.222
	(−1.42)	(−0.93)	(−0.94)
Size	0.297	0.424	0.808
	(0.39)	(0.52)	(1.07)
Oversea	−0.886	−2.400	0.986
	(−0.10)	(−0.26)	(0.11)
Central	3.603	4.502	1.109
	(0.53)	(0.62)	(0.16)
Local	3.105	3.266	1.186
	(0.54)	(0.53)	(0.21)
MixedOwnership	0.821	0.762	11.53
	(0.11)	(0.09)	(1.49)
Industry	0.975	7.545	8.140
	(0.17)	(1.26)	(1.46)
NewInfrastructure	3.571**	3.331**	0.466
	(2.39)	(2.11)	(0.32)

续表

变量	Change_NetIncome% (1)	Change_Revenue% (2)	Change_NewContract% (3)
FinConstraint	−2.989	−1.424	−4.270
	(−1.09)	(−0.49)	(−1.58)
ManagAbility	6.368	7.403	10.35**
	(1.32)	(1.45)	(2.17)
SupplierDiff	−3.026	−0.922	0.661
	(−1.09)	(−0.31)	(0.24)
TransDiff	−5.540**	−3.294	−4.595*
	(−1.99)	(−1.12)	(−1.67)
常数项	−38.60***	−50.19***	−41.24***
	(−3.89)	(−4.78)	(−4.20)
观测值	264	264	264
Adj.R^2	0.071	0.061	0.062

注：括号中为 t 值；***、**、*分别表示在1%、5%和10%的统计水平上显著。

从控制变量来看，盈利水平、收入变动对 NewInfrastructure 的回归系数显著为正，说明对新基建政策利用更好的企业在疫情期间受到的冲击更小。此外，企业的管理能力能够缓解新签合同额的下降，而受运输管制限制严重企业的盈利和新签合同状况显著更差。

（五）稳健性检验

1. Ordered Logit 回归

尽管 OLS 回归能够利用被解释变量的数值信息，方便量化财务信息化对缓解疫情冲击作用的大小，但被解释变量是离散变量，且按照区间中位数取值可能不准确，因此我们按0—9重新定义被解释变量，使用 Ordered Logit 模型进行回归。表6列示的结果与 OLS 回归结果基本一致，FSSC 依然与三个被解释变量显著正相关，Software 与三个被解释变量的关系不显著，而 Remote-Working 与收入和新签合同额变动显著正相关，再次验证了假设1和假设3。

表 6 Ordered Logit 模型回归

变量	Change_NetIncome% (1)	Change_Revenue% (2)	Change_NewCntract% (3)
FSSC	1.062***	1.069***	0.669*
	(2.66)	(2.69)	(1.70)

续表

变量	Change_NetIncome% (1)	Change_Revenue% (2)	Change_NewCntract% (3)
Software	0.079	−0.032	0.114
	(0.13)	(−0.06)	(0.19)
RemoteWorking	0.726	0.949*	1.075**
	(1.38)	(1.82)	(1.97)
ManagTool	−0.031	−0.024	−0.025
	(−1.49)	(−1.15)	(−1.15)
Size	0.041	0.016	0.050
	(0.62)	(0.24)	(0.77)
Oversea	0.132	−0.135	0.211
	(0.17)	(−0.18)	(0.27)
Central	0.542	0.354	0.195
	(1.01)	(0.63)	(0.34)
Local	0.589	0.333	0.196
	(1.32)	(0.71)	(0.41)
MixedOwnership	0.340	−0.0253	1.000
	(0.55)	(−0.04)	(1.55)
Industry	0.032	0.359	0.485
	(0.07)	(0.82)	(1.03)
NewInfrastructure	0.319**	0.271**	0.080
	(2.40)	(1.99)	(0.63)
FinConstraint	−0.366	−0.169	−0.436*
	(−1.54)	(−0.71)	(−1.85)
ManagAbility	0.524	0.602	0.746*
	(1.21)	(1.42)	(1.68)
SupplierDiff	−0.526**	−0.155	−0.040
	(−2.21)	(−0.66)	(−0.17)
TransDiff	−0.406*	−0.209	−0.244
	(−1.73)	(−0.89)	(−1.04)
常数项	6.185***	7.211***	6.508***
	(6.51)	(6.44)	(6.22)
观测值	264	264	264
Pseudo R^2	0.038	0.027	0.024

注：括号中为 t 值；***、**、*分别表示在1%、5%和10%的统计水平上显著。

控制变量中,NewInfrustructure、ManagAbility 和 TransDiff 与 OLS 回归结果类似,现金和融资约束对企业新签合同额有负面影响,供应商不能供货降低了企业盈利水平,与理论预期相符。

2. 主成分分析

上述检验对财务信息化的划分参照了《指导意见》,分为财务共享服务平台和管理会计软件使用,并增添了疫情期间远程办公,但这种划分依据可能存在主观性,而且将不同功能的软件直接取均值也有不合理之处。由于各信息化指标之间存在一定的相关关系,我们使用主成分分析法对所有细分财务信息化指标进行降维,探究其对组织韧性的影响。

我们选取特征值大于1的前三个主成分(Comp1、Comp2 和 Comp3),它们的累计解释能力 64.1%(见表 7 Panel A)。根据 Panel B,Comp1 主要由五种软件构成,包括资金预测和计划软件、债权债务管理软件、管理会计报告软件、合同管理软件和成本管理与控制软件;Comp2 主要由财务共享服务平台、费用报销软件和远程办公程度构成;Comp3 则主要是预算管理软件。从 Panel C 回归结果可见,盈利水平、收入和新签合同额的变动对 Comp2 的回归系数显著为正,说明财务共享服务平台、费用报销软件和远程办公程度越高,疫情对企业业绩的负面影响越小。新签合同额变动对 Comp3 的回归系数显著为正,但由于 Comp3 软件构成有正有负,不能得出一致的结论。综合上述结果,假设 1 和假设 3 得到稳健的支持。

表 7 主成分分析

Panel A:主成分因子特征值与贡献率				
主成分	特征值	特征值差异	贡献率	累计贡献率
Comp1	3.354	1.938	0.373	0.373
Comp2	1.416	0.413	0.157	0.530
Comp3	1.003	0.082	0.111	0.641
Comp4	0.921	0.167	0.102	0.743
Comp5	0.754	0.160	0.084	0.827
Comp6	0.595	0.032	0.066	0.893
Comp7	0.563	0.168	0.063	0.956
Comp8	0.395	0.395	0.044	1.000
Comp9	0	.	0	1.000

续表

Panel B:因子载荷矩阵

变量	Comp1	Comp2	Comp3	Comp4	Comp5	Comp6	Comp7	Comp8
FSSC	0.198	0.559	−0.047	−0.353	0.030	−0.720	−0.023	0.053
Software_Expense	0.158	0.599	−0.028	−0.290	0.301	0.662	−0.016	−0.049
Software_Budgeting	0.287	−0.042	0.419	0.361	0.654	−0.137	0.397	0.076
Software_Cash	0.386	−0.037	0.314	0.166	0.021	−0.033	−0.727	−0.441
Software_RecPay	0.397	−0.136	0.338	−0.197	−0.260	0.127	−0.151	0.752
Software_Report	0.363	0.063	0.279	−0.050	−0.563	0.084	0.533	−0.420
Software_Contract	0.456	−0.177	−0.503	0.026	0.072	0.009	0.046	−0.007
Software_Cost	0.456	−0.177	−0.503	0.026	0.072	0.009	0.046	−0.007
RemoteWorking	0.026	0.490	−0.157	0.769	−0.292	0.028	−0.054	0.231

Panel C:用主成分分析法构造财务信息化指标的回归结果

变量	Change_NetIncome% (1)	Change_Revenue% (2)	Change_NewContract% (3)
Comp1	0.602	0.707	0.240
	(0.79)	(0.88)	(0.32)
Comp2	3.510***	3.776***	3.787***
	(2.96)	(3.01)	(3.26)
Comp3	1.434	2.276	2.437*
	(1.04)	(1.56)	(1.80)
ManagTool	−0.351	−0.251	−0.259
	(−1.47)	(−0.99)	(−1.10)
Size	0.269	0.428	0.799
	(0.35)	(0.53)	(1.06)
Oversea	−2.153	−3.746	−0.129
	(−0.25)	(−0.41)	(−0.02)
Central	3.722	4.933	2.196
	(0.55)	(0.69)	(0.33)
Local	2.409	2.225	0.519
	(0.42)	(0.36)	(0.09)
MixedOwnership	−0.160	−0.752	10.16
	(−0.02)	(−0.09)	(1.32)
Industry	2.438	9.372	9.864*
	(0.43)	(1.57)	(1.78)

续表

变量	Change_NetIncome% (1)	Change_Revenue% (2)	Change_NewContract% (3)
NewInfrastructure	3.631**	3.445**	0.430
	(2.42)	(2.18)	(0.29)
FinConstraint	−3.080	−1.466	−4.220
	(−1.14)	(−0.51)	(−1.58)
ManagAbility	7.168	8.456*	11.530**
	(1.49)	(1.66)	(2.44)
SupplierDiff	−2.591	−0.0751	1.668
	(−0.91)	(−0.03)	(0.60)
TransDiff	−5.939**	−4.024	−5.390*
	(−2.10)	(−1.35)	(−1.95)
常数项	−25.19**	−34.99***	−27.73***
	(−2.47)	(−3.25)	(−2.78)
观测值	264	264	264
Adj. R^2	0.072	0.065	0.078

注:括号中为 t 值;***、**、*分别表示在1%、5%和10%的统计水平上显著。

五、结 论

  财务信息化不仅能够提升企业日常经营效率,还具有组织管理和决策方面的战略价值。本文探究了财务信息化能否提升组织韧性,即财务信息化能否助力企业在环境扰动中适应环境变化、灵活调整策略、保持平稳发展。借助新冠肺炎疫情情境,我们发现财务共享服务平台建设成熟度和远程办公程度与组织韧性正相关,而管理会计软件使用与组织韧性没有显著的相关性。具体来说,财务共享服务平台建设成熟的企业在疫情影响下第一季度业绩指标向下波动程度显著小于未建设财务共享服务平台的企业,表明财务共享服务平台显著减弱了疫情对企业业绩的冲击,提升了组织韧性,也印证了《指导意见》中"推进面向管理会计的信息系统建设"举措的现实意义。同时,企业第一季度盈利水平、收入和新签合同额的下降在远程办公程度高的企业中显著减弱,这表明即使在没有财务信息化基础建设的情形下,临时信息化策略也有助于缓解疫情冲击。

  本文存在一定的局限性。第一,尽管问卷收集数据可以高度定制化且结果的内部有效性较强,但其外部有效性相对有限。例如,用建筑业企业问卷数据得到的结果不一定能够完全适用于其他行业;数据包含答题者的主观判断,客观性相对较弱。第二,组织韧性作为一种长期能力不仅仅表现在疫情期间,而是一直隐含在企业的经营活动中;疫情冲击提供了观测组织韧性的机会,却不能涵盖组织韧性的全貌,后续研究可以尝试探究企业在其他情境下的韧性表现。

参考文献

财政部会计司,2015.信息化为支撑 提升管理效率:《财政部关于全面推进管理会计体系建设的指导意见》系列解读之五[J].财务与会计(6):10-12.

陈宋生,魏素艳,2008.基于应用软件公司 ERP 用户效益的实证研究[J].北京理工大学学报(社会科学版)(4):7-11.

陈宋生,杨培培,2013.信息化水平与盈余反应系数关系研究:剔除光环效应的经验证据[J].中国会计评论(6):187-202.

樊雪梅,卢梦媛,2020.新冠疫情下汽车企业供应链韧性影响因素及评价[J].工业技术经济(10):21-28.

付建华,刘梅玲,2019.财务共享:财务数字化案例精选[M].上海:立信会计出版社.

韩向东,屈涛,2020.基于数据中台的管理会计信息化框架及创新应用[J].管理会计研究(3):116-124.

何瑛,周访,2013.我国企业集团实施财务共享服务的关键因素的实证研究[J].会计研究(10):59-66.

何瑛,周访,李娇,2013.中国企业集团实施财务共享服务有效性的实证研究:来自 2004—2008 年的经验数据[J].经济与管理研究(8):57-65.

李建伟,李兰,赵峥,2020.疫情对企业的影响与对策建议:基于对 1368 位企业家的问卷调查[J].大陆桥视野(4):40-43.

李连刚,张平宇,谭俊涛,等,2019.韧性概念演变与区域经济韧性研究进展[J].人文地理(2):1-7.

李闻一,穆涌,2013.会计信息化实施效率、实施周期与客户认知程度[J].会计研究(6):39-46.

刘峰,葛家澍,2012.会计职能·财务报告性质·财务报告体系重构[J].会计研究(3):15-19.

刘惠好,冯永佳,2020.经济政策不确定性与公司社会责任信息披露[J].北京工商大学学报(社会科学版)(5):70-82.

马健,李连军,2020.企业财务共享模式的经济后果研究[J].现代经济探讨(2):50-57.

秦宇,李钢,2020.新冠肺炎疫情对中国经济挑战与影响的调查综述[J].区域经济评论(3):146-156.

苏杭,2015.经济韧性问题研究进展[J].经济学动态(8):144-151.

孙健,袁蓉丽,王百强,2017.ERP 实施真的能提升企业业绩吗[J].中国软科学(8):121-132.

汪淼军,张维迎,周黎安,2007.信息化、组织行为与组织绩效:基于浙江企业的实证研究[J].管理世界(4):96-104.

王可,周亚拿,2019.信息化建设、供应链信息分享与企业绩效:基于中国制造业企业的实证研究[J].中国管理科学(10):34-43.

王立彦,张继东,2007.ERP 系统实施与公司业绩增长之关系:基于中国上市公司数据的实证分析[J].管理世界(3):116-121.

王林,杨勇,王琳,等,2019.管理者韧性对企业-员工共同感知的影响机制研究[J].管理学报(6):857-866.

王兴山,2020.疫情突发,企业管理会计应用按下"加速键"[J].中国管理会计(2):91-94.

韦程元,陈磊,2020.财务共享服务应用与挑战:基于国际文献的综述[J].中国管理会计(4):66-77.

萧枭,2020.加快财务数字化转型有效应对疫情冲击[J].管理会计研究(4):14-17.

杨亚,2020.新冠肺炎疫情对企业的冲击及应对策略探究[J].管理会计研究(3):9-13.

叶康涛,孙苇杭,2019.会计软件采用与企业生产率:来自非上市公司的证据[J].会计研究(1):45-52.

于连超,张卫国,毕茜,等,2020.环境政策不确定性与企业环境信息披露:来自地方环保官员变更的证据[J].上海财经大学学报(2):35-50.

张露,黄京华,黎波,2013.ERP实施对企业绩效影响的实证研究:基于倾向得分匹配法[J].清华大学学报(自然科学版)(1):117-121.

张瑞君,陈虎,张永冀,2010.企业集团财务共享服务的流程再造关键因素研究:基于中兴通讯集团管理实践[J].会计研究(7):57-64.

仲理峰,2007.心理资本对员工的工作绩效、组织承诺及组织公民行为的影响[J].心理学报(2):328-334.

朱武祥,张平,李鹏飞,等,2020.疫情冲击下中小微企业困境与政策效率提升:基于两次全国问卷调查的分析[J].管理世界(4):13-26.

AKGUN A E, KESKIN H, 2014. Organizational resilience capacity and firm product innovativeness and performance[J]. International journal of production research, 52(23): 6918-6937.

BECKER S D, MAHLENDORF M D, SCHAFFER U, et al., 2016. Budgeting in times of economic crisis[J]. Contemporary accounting research, 33(4): 1489-1517.

BEUREN I M, SANTOS V D, 2019. Enabling and coercive management control systems and organizational resilience[J]. Revista contabilidade & finanças, 30(81): 307-323.

CARVALHO A, AREAL N, 2016. Great places to work: resilience in times of crisis[J]. Human resource management, 55(3): 479-498.

DESJARDINE M, BANSAL P, YANG Y, 2019. Bouncing back: building resilience through social and environmental practices in the context of the 2008 global financial crisis[J]. Journal of management, 45(4): 1434-1460.

GITTELL J H, CAMERON K, LIM S, et al., 2006. Relationships, layoffs, and organizational resilience: airline industry responses to September 11[J]. Journal of applied behavioral science, 42(3): 300-329.

HE Y, KE B, LIN B, et al., 2020. Corporate ICT investment and resilience[R]. Working paper.

HENDRICKS K B, SINGHAL V R, STRATMAN J K, 2007. The impact of enterprise systems on corporate performance: a study of ERP, SCM, and CRM system implementations[J]. Journal of operations management, 25(1): 65-82.

LÜ W, WEI Y, LI X, et al., 2019. What dimension of CSR matters to organizational resilience? evidence from China[J]. Sustainability, 11(6): 1561.

MA Z, XIAO L, YIN J, 2018. Toward a dynamic model of organizational resilience[J]. Nankai business review international, 9(3): 246-263.

NICOLAOU A I, 2004. Firm performance effects in relation to the implementation and use of enterprise resource planning systems[J]. Journal of information systems, 18(2): 79-105.

ORTIZ-DE-MANDOJANA N, BANSAL P, 2016. The long-term benefits of organizational resilience through sustainable business practices[J]. Strategic management journal, 37(8): 1615-1631.

SINCORA L A, DE OLIVEIRA M P V, ZANQUETTO H, et al., 2018. Business analytics leveraging resilience in organizational processes[J]. RAUSP management journal, 53(3): 385-403.

TISCH D, GALBREATH J, 2018. Building organizational resilience through sensemaking: the case of climate change and extreme weather events[J]. Business strategy and the environment, 27(8): 1197-1208.

WILLIAMS T A, GRUBER D A, SUTCLIFFE K M, et al., 2017. Organizational response to adversity: fusing crisis management and resilience research streams[J]. Academy of management annals, 11(2): 733-769.

WINTER S G, 2003. Understanding dynamic capabilities[J]. Strategic management journal, 24(10): 991-995.

商业信用的宏观经济预测价值研究

马永强　张志远*

摘　要　本文试图检验微观企业披露的商业信用信息对宏观经济增长的预测价值。回归结果显示，汇总层面的应收账款增长与未来GDP增长显著负相关，表明商业信用具有反映未来经济趋势的预测信息含量。此外，对于市场地位较高、所在行业竞争较弱和客户集中度较高的企业，应收账款增长对GDP增长的预测功能更强。随后的检验发现，相比于会计盈余，应收账款能够预测未来更长时期的经济走势。此外，汇总层面的坏账准备同样能够预测未来GDP趋势。本文丰富了会计信息的宏观经济预测价值研究，对及时预测宏观经济走势和有效监测并防范宏观经济风险具有重要的参考价值。

关键词　商业信用　应收账款　GDP　宏观经济预测

Research on the Macroeconomic Forecasting Value of Trade Credit

YONGQIANG MA　ZHIYUAN ZHANG

Abstract　This paper aims to investigate the forecasting value to macroeconomic growth of trade credit information disclosed by enterprises. The results document significantly negative correlations between aggregate accounts receivable growth and future GDP growth, which indicate that trade credit has information content reflecting future economic trends. In addition, for enterprises with higher market position, weaker industry competition and higher customer concentration, aggregate accounts receivable growth has stronger forecasting value to GDP growth. Subsequent tests find that the forecasting period of accounts receivable is longer than accounting earnings. Besides, aggregate bad-debt provision growth can also

---

*　西南财经大学会计学院。通信作者：张志远；地址：四川省成都市温江区柳台大道555号；邮编：611130；E-mail：zzy_zhiyuan@qq.com。本文是国家自然科学基金项目（71872151、72010107001、71472152）和财政部"会计名家培养工程"项目的阶段性研究成果。当然，文责自负。

predict future GDP tendency. This paper enriches the research about the macroeconomic forecasting value of accounting information, which contributes to forecasting future macroeconomic trend timely and preventing economic risks effectively.

Key words Trade Credit; Accounts Receivable; GDP; Macroeconomic Forecasting

一、引　言

自Ball and Brown(1968)的开创性研究以来,会计信息的有用性始终是学者们的关注焦点。然而,会计信息在宏观经济分析中的作用长期以来并未受到广泛关注(姜国华和饶品贵,2011)。作为国民经济数据的基础,会计信息不仅能在微观层面上预测企业的经营业绩(Fairfield and Yohn,2001;Soliman,2008),也能反映宏观经济运行状况(张先治和于悦,2013;刘尚希,2016),还能在宏观层面上预测未来的经济走势(罗宏等,2016)。近年来,不断有学者探讨会计信息对经济增长的宏观预测价值。Konchitchki and Patatoukas(2014a)发现,当季度汇总层面的会计盈余增长率能够预测未来四个季度的名义GDP增长率。进一步地,Konchitchki and Patatoukas(2014b)基于杜邦分析体系对盈余增长进行分解,发现汇总层面的净经营资产周转率变动和经营利润率变动都具有对GDP变动的宏观预测功能。在中国的制度环境下,上市公司的经营业绩与经济增长存在正相关关系(孙霄翀等,2007;靳庆鲁等,2008;李远鹏,2009;侯青川等,2015),其会计盈余同样能够预测未来GDP增长(方军雄等,2015;唐松等,2015),而且股权分置改革和会计准则国际趋同等制度变迁增强了会计盈余的宏观预测功能,而较强政府干预和较差法律环境则削弱了会计盈余的宏观预测功能(罗宏等,2016)。随后,肖志超和胡国强(2018)又将净利润分解为资产减值项目和调整会计盈余两部分,发现汇总资产减值损失和调整会计盈余都是GDP增长的预测指标。罗宏等(2020)则表明行业间的盈余差异同样具有对经济走势的宏观预测功能。此外,还有众多文献验证了汇总会计盈余对未来通货膨胀的宏观预测功能(Shivakumar,2007;Cready and Gurun,2010;Patatoukas,2014;Shivakumar and Urcan,2017;罗宏等,2017)。另外,Gallo et al.(2016)考察了会计盈余对未来货币政策的预测价值。马永强和张志远(2020)检验了固定资产原值对未来经济增长的预测功能。叶康涛等(2020)探讨了资产减值损失的宏观预测价值。Rouxelin et al.(2018)还发现汇总层面的成本黏性具有反映未来失业率变化的信息含量。Khan and Ozel(2016)以及马永强等(2021)则检验了贷款信息的宏观预测功能。

纵观已有文献,多数研究只考察会计盈余的宏观经济预测价值,少有研究探讨除盈余以外其他会计信息的预测作用。本文从应收账款的视角,检验商业信用信息对宏观经济增长的预测功能,进一步拓展现有研究。商业信用是企业资产的重要组成部分(Petersen and Rajan,1997;Fisman and Love,2003;Love et al.,2007;Wu et al.,2014;陈胜蓝和刘晓玲,2018),代表企业的生产经营和资金状况,与未来的现金流密切相关。相比而言,我国目前会计准则下的盈余在更大程度上反映的是企业过去的经营成果,商业信用信息因而具有比会计盈余更强的前瞻性。更为重要的是,商业信用的发放和收回反映了管理层对未来宏观经济走势的预期,故而商业信用在理论上蕴含了更多与未来经济状况相关的宏观信息含量,具备预测经济增长的可能性。此外,通过检验商业信用的宏观经济预测价值,还可以从微观视角审视非正式金融体系在宏观经济运行中所扮演的角色,对金融市场监管具有重要的参考价值。

本文认为,企业的商业信用信息能够通过资金占用和管理层预期两条逻辑路径对未来宏观经济增长进行预测。在资金占用路径方面,大量的应收账款占用了企业周转资金,产生了较高的机会成本(孔宁宁等,2009;江静,2014),企业可能会由此错失优质投资项目,无法推动产出增加,在总体层面导致经济产出减少,预示着未来经济增速的下降。在管理层预期路径方面,经济下行导致企业融资困难,资金链断裂风险上升(苏冬蔚和曾海舰,2009;吴娜,2013;Bhaskar et al.,2017)。客户管理层一旦形成未来经济下行的预期,就会更倾向于增加欠款或延长付款期限以维持自身资金链稳定,导致企业的应收账款增加,故而汇总层面的应收账款增长反映了管理层对经济形势的悲观预期,预示着未来宏观经济的下行趋势。

基于此,本文采用2007—2017年我国A股上市公司分省份汇总层面的半年度数据,检验企业披露的商业信用信息对经济增长的宏观预测价值。回归结果显示,汇总层面的应收账款原值增长率、应收账款净额增长率和净应收账款增长率与未来一期GDP增长率显著负相关,这表明商业信用信息具有反映未来经济走势的预测功能。随后的检验结果表明,较高的市场地位、较弱的行业竞争和较高的客户集中度加强了应收账款的宏观经济预测作用。此外,应收账款对经济增长的预测期长度要大于会计盈余。进一步分析还发现,汇总层面的坏账准备同样能够预测未来GDP趋势。

本文的研究贡献主要有以下几点：

第一，本文拓展了会计信息宏观经济预测价值的现有研究视角。相关文献大多探讨会计盈余对经济增长（Konchitchki and Patatoukas，2014a；罗宏等，2016）和通货膨胀（Shivakumar and Urcan，2017）等宏观经济运行状况的预测功能，甚少关注除盈余外其他会计信息的预测作用。本文的检验结果表明了上市公司的应收账款能够预测未来经济走势，表明了商业信用信息同样具有宏观经济的"晴雨表"功能，进而扩大了微观层面经济预测指标的范围，也深化了"宏微观"领域的现有研究。此外，应收账款的宏观预测期长度大于会计盈余的预测期长度，丰富了目前基于微观信息的宏观预测模型并增强了模型的预测能力。

第二，以往有关会计信息宏观经济预测价值的文献大多从企业生产经营活动导致宏观经济运行状况变动（Shivakumar and Urcan，2017；Rouxelin et al.，2018），和企业生产经营成果构成经济增长的组成部分（Konchitchki and Patatoukas，2014a；罗宏等，2016）这两条路径分析如何利用企业信息预测宏观经济走势。本文提出了应收账款变化反映管理层对未来宏观经济走势预期这一条新的预测路径，拓展了企业信息宏观经济预测价值的现有逻辑框架。

第三，本文发现在不同的市场地位、行业竞争程度和客户集中度下，应收账款对宏观经济的预测作用有所差异。这不仅提供了市场结构和客户结构影响企业商业信用决策与会计信息有用性的实证证据，也表明通过商业信用信息可以开展基于不同企业特征和市场特征的细致化与差异化的宏观预测，体现出相比于利用全社会整体层面的宏观指标（例如统计部门发布的货币供应量和城镇登记失业率等）的独特预测优势，为政府实施更精准的宏观调控提供参考。此外，考察商业信用的宏观经济预测功能可以反过来从宏观经济环境视角审视微观层面非正式金融体系在经济运行中的作用，对及时监测和防范宏观经济风险以及加强金融市场监管具有借鉴意义。

二、理论分析与研究假设

有关商业信用的理论解释主要包括融资性动机理论和经营性动机理论。融资性动机理论认为，企业通常与客户保持着长期交易，比银行更加了解客户的生产经营状况，能对客户实施更加有效的监控，进而能通过提供商业信用在一定程度上解决客户的资金需求。特别是在获取银行贷款困难的情形下，商业信用更是企业融资的重要途径（Petersen and Rajan，1997；Fisman and Love，2003；陆正飞和杨德明，2011）。经营性动机理论则认为，为了增加销量、扩大市场份额、提供产品质量保证和加强市场竞争力，企业会增强提供商业信用的意愿（Smith，1987）。

然而，提供大量商业信用会挤占企业自有资金，降低资金周转率。例如，赊销业务所销售产品的成本（包括采购成本、运输成本和销售成本等）通常需要垫支，如果应收账款长期挂账无法收回，企业现金流水平就会下降。再如，赊销过程中确认的销售收入以及由此产生的净利润涉及税费现金流出，税后净利润还有可能产生股利分配现金流出，这同样会加大企业的资金压力。根据机会成本理论，企业将资金投放于商业信用会丧失从其他项目中可能获取的投资收益。在资源稀缺的前提下，未收回的应收账款产生了较高的机会成本，企业因资金匮乏而无法投资于优质项目，失去了提升产出、增强竞争力的契机。而且，如果企业的风险管控意识薄弱，在赊销前未进行充分的信用评估，盲目追求扩大销售而忽视应收账款管理，就会因此而增加形成更多坏账损失的可能性。此外，应收账款收回还可能产生诉讼费用等与收账相关的现金流出，进一步增加应收账款对企业资金的占用。所以，为客户提供商业信用会同时带来机会成本、坏账损失和管理成本的增加，降低企业的现金流水平和盈利能力（孔宁宁等，2009；江静，2014）。特别是在难以获得银行信贷资源的情形下，企业提供应收账款信用更会占用生产经营所需资金（胡泽等，2013）。

因此，如果应收账款的数额上升，那么企业既无法有效进行资金管理，也不能积极投资扩大生产，进而无法推动产出增加。更为严重的是，如果提供超出自身承受上限的商业信用，那么企业不仅难以保证资金正常周转，还会因资金短缺而无法更新设备或进行研发，导致产品竞争力下降，只能靠扩大赊销的策略争夺市场份额，结果又会产生大量应收账款，形成恶性循环。由于经济产出是企业产出的加总（姜国华和饶品贵，2011），企业产出增长速度的下滑将直接导致宏观经济增速下跌。此外，已有研究发现企业的盈利能力与经济增长存在正相关关系（靳庆鲁等，2008；侯青川等，2015），能够预测未来经济走势（Konchitchki and Patatoukas，2014b），而企业大量提供商业信用会降低其盈利能力（孔宁宁等，2009），可以预期汇总层面的应收账款增长预示着未来经济增速的下降。

如果客户出于经营不善和市场萎缩等原因发生资金流断裂，偿还应收账款的困难会增加（肖奎喜等，2011；张金昌和范瑞真，2012），再加上客户还款通常比企业收款具有更大的主动权,因此企业通常会面临赊销客户的违约风险。根据融资性动机理论,商业信用在一定程度上解决了客户的融资需求(刘仁伍和盛文军,2011;张杰等,2013),客户延迟偿还有助于保证其现金流稳定。客户拖欠应付账款的倾向代表客户缺乏资金供给、难以偿还债务、违约风险较高,是预示经济形势严峻的不利信号。作为理性决策者,管理层会对未来经济走势做出预测,并据此适当地调整决策(张永冀和孟庆斌,2016)。在不同的经济周期下,管理层会根据经济波动对营运资本管理策略进行动态调整(吴娜,2013)。在经济下行时期,系统性风险上升(张立民等,2018),企业陷入财务困境的可能性增加(苏冬蔚和曾海舰,2009;Bhaskar et al.,2017)、资金链断裂风险加大(吴娜,2013),而且不容乐观的经济形势往往伴随着消费者需求减少和行业整体利润下滑(陈武朝,2013),导致企业业务量下降、现金流风险增加。根据融资优序理论,企业会遵循内部资金、债务资金和权益资金的先后顺序进行融资。当宏观经济呈现下行趋势时,企业的内部现金流减少,企业会更加依赖外部资金(苏冬蔚和曾海舰,2009)。因此,为了缓解资金链紧张的困境,企业面对宏观经济环境的不利冲击会增加对商业信用的需求(Biais and Gollier,1997;陈胜蓝和刘晓玲,2018)。石晓军和张顺明(2010)也发现经济紧缩时期商业信用与银行借款间的替代程度增加。如果管理层预期未来经济形势严峻,未来资金需求压力增大,企业就会相应地尽可能增加对供应商的欠款或延长付款期限,以此维持自身现金流稳定,防范未来资金链断裂。因此,汇总层面上应收账款水平的上升蕴含了管理层对经济形势的悲观预期。

基于上述分析,应收账款增加可以从资金占用路径和管理层预期路径对未来经济走势进行预测。一方面,应收账款增加代表企业的资金占用程度上升,资金管理效率下降,难以扩大生产进而推动产出增加,总体上导致经济产出下降;另一方面,应收账款增加也反映了客户延迟偿还商业信用融资的倾向,总体上蕴含了管理层对未来宏观经济形势的悲观估计。作为宏观经济的组成细胞,企业汇总层面的应收账款增长在理论上预示着未来经济增速的下降,故本文提出如下假设:

假设1 汇总层面的应收账款增长与未来经济增长显著负相关。

经营性动机理论认为,提供商业信用是企业提升市场地位和赢得市场竞争优势的重要手段(Fisman and Raturi,2004;余明桂和潘红波,2010)。如果企业所在行业的竞争较为激烈,客户容易找到替代供应者,企业就具有较低的议价能力、处于相对弱势地位(陈正林,2017)。为防止客户流失,企业会提高商业信用供给水平(Petersen and Rajan,1997)。特别是对处于弱势地位的中小企业而言,提供商业信用更是其赢得市场一席之地的重要策略(徐晓萍和李猛,2009;吴婷婷等,2012)。反之,如果企业之间的竞争较弱,甚至存在垄断情形,企业将不惧怕客户流失,其在与客户的谈判中处于相对强势的地位,提供商业信用以扩大市场份额、提高市场地位的动机较小。因此,如果企业市场地位较低,或者所处行业的竞争较为激烈,商业信用信息受到企业争抢市场份额因素的干扰从而反映风险的功能较弱,那么应收账款增长预示未来经济增速下降的作用较小。据此,本文提出如下假设:

假设2 市场地位较高企业的应收账款增长对经济增长的预测作用更强。

假设3 所属行业竞争较弱企业的应收账款增长对经济增长的预测作用更强。

对于客户集中度较高的企业而言,寻求新的大客户需要付出高额转换成本,大客户因而具有强势谈判地位。此时企业议价能力较低,对大客户较为依赖,商业信用的供给水平较高(Cull et al.,2009;陈正林,2017;江伟等,2017)。此外,如果大客户因陷入经营困境或财务困境而导致资金链紧张,依赖大客户的企业将难以收回货款,企业的财务风险会上升(江伟和姚文韬,2016),应收账款增长更能反映未来潜在风险。因此,客户集中度越高,企业的谈判能力越弱,客户越有可能拖欠应收账款,商业信用包含的风险信息含量越高,其对宏观经济增速的预测功能越强。据此,本文提出如下假设:

假设4 客户集中度较高企业的应收账款增长对经济增长的预测作用更强。

三、研究设计

(一)数据与样本

本文采用我国A股上市公司2007—2017年分省份汇总层面的半年度数据,考察企业的商业信用信息对宏观经济增长的预测功能,涉及22个期间和31个省份共682个观测值。具体而言,本文将检验应收账款原值、应收账款净额和净应收账款对未来GDP增长的宏观预测价值。及时开展经济预测对于宏观经济风险的监测预警至关重要,为保证对未来经济走势预测的时效性并尽可能增加样本量,本文以较快的时间频率(即上市公司半年报和年报中披露的应收账款原值等半年度数据而非年度数据)进行预测。由于上市公司披露的会计信息未经过通货膨胀调整,与以往文献(Konchitchki and Patatoukas,2014a;罗宏等,2016)的做法相同,GDP增长均采用名义GDP增长。宏观经济数据来源于国家统计局和中国人民银行网站,上市公司数据来源于CSMAR数据库和Wind数据库。此外,本文在计算上市公司汇总层面指标时还剔除了金融行业、ST公司和数据缺失的样本。

(二) 变量与模型设定

为验证假设1,即汇总层面的应收账款增长是否具有预测未来经济增长的功能,本文借鉴相关研究(Konchitchki and Patatoukas,2014a,2014b;方军雄等,2015;罗宏等,2016),设定如下回归模型:

$$\text{GDP\_F}_{i,t} = \beta_0 + \beta_1 \text{AR1}_{i,t}/\text{AR2}_{i,t}/\text{AR3}_{i,t} + \sum \text{Controls}_{i,t} + \varepsilon_{i,t}$$

被解释变量GDP_F是未来一期GDP增长率。为尽可能避免季节性因素的影响,模型中涉及的所有增长率均为同比增长率(Konchitchki and Patatoukas,2014b)。本文首先根据国家统计局发布的分省份各期累计地区生产总值计算出当期地区生产总值,然后根据当期地区生产总值与上年同期地区生产总值计算得到分省份当期GDP增长率。

解释变量AR1、AR2和AR3分别代表各省份上市公司汇总层面的应收账款原值增长率、应收账款净额增长率和净应收账款增长率,具体计算步骤如下:①将上市公司当期末应收账款原值、应收账款净额和净应收账款用当期营业收入标准化[1],其中净应收账款等于应收账款原值减应付账款原值;②利用标准化后的当期末应收账款原值、应收账款净额和净应收账款与上年同期末应收账款原值、应收账款净额和净应收账款,分别计算得到各公司当期应收账款原值、应收账款净额和净应收账款的同比增长率[2];③以分省份各公司当期营业收入占全体公司当期营业收入的比例为加权权重[3],分别计算各省份全体上市公司当期应收账款原值、应收账款净额和净应收账款同比增长率的加权平均值,得到的加权平均值即为各省份上市公司汇总层面的应收账款原值增长

---

[1] 之所以用当期营业收入对应收账款进行标准化,是因为用营业收入调整应收账款更能准确地衡量企业的商业信用供给状况(胡泽等,2013),而且收入作为流量指标比总资产更能反映企业当期经营活动对资金的需求(饶品贵和姜国华,2013)。

[2] 为了控制极端值对检验结果可能带来的偏误,本文在计算各汇总层面指标时对公司财务指标或财务指标增长率进行上下1%分位数的缩尾处理。

[3] 以往相关文献(Konchitchki and Patatoukas,2014a,2014b;罗宏等,2016)在计算汇总层面的财务指标时,大多以总市值为基础进行加权平均。考虑到企业提供的商业信用与营业收入紧密相关,本文在计算应收账款加权平均值时使用营业收入作为加权权重。

率(AR1)、汇总层面应收账款净额增长率(AR2)和汇总层面净应收账款增长率(AR3)。

参考相关研究(Konchitchki and Patatoukas,2014b;方军雄等,2015;唐松等,2015;罗宏等,2016;肖志超和胡国强,2018),本文在模型中控制以下上市公司汇总层面的当期变量,即汇总层面会计盈余增长率(AE)、汇总层面资产减值损失(LOSS)和汇总层面股票市场回报(RET),计算方法与AR1、AR2和AR3类似。AE的计算过程如下:先计算各公司当期净利润相比于上年同期净利润的同比增长率,其中净利润也用当期营业收入标准化,然后以分省份各公司期初总市值占全体公司期初总市值的比例为权重进行加权平均,得到的加权平均值即为AE。LOSS的计算过程如下:先计算各公司经当期营业收入标准化后的当期资产减值损失,然后同样以分省份各公司期初总市值占全体公司期初总市值的比例为权重进行加权平均,得到的平均值即为LOSS。RET的计算过程如下:先根据各公司当期的期末和期初股票收盘价计算得到当期股票收益率,然后同样以分省份各公司期初总市值占全体公司期初总市值的比例为权重进行加权平均,得到的平均值即为RET。

本文还在模型中控制了以下可能影响未来经济走势的宏观经济层面的当期变量:经济增长(GDP,等于地区生产总值增长率)、投资增长(INV,等于固定资产投资额增长率)、消费增长(CON,等于社会消费品零售总额增长率)、出口增长(EXP,等于出口总额增长率)、通货膨胀水平增长(CPI,等于消费者价格指数增长率)和货币政策变动(MP,等于金融机构超额准备金率增长率)。此外,模型还控制了省份固定效应与半年度固定效应。各变量说明如表1所示。

表1 变量说明

变量类别	变量	变量定义
被解释变量	GDP_F	未来一期名义GDP增长率
解释变量	AR1	汇总层面应收账款原值增长率
	AR2	汇总层面应收账款净额增长率
	AR3	汇总层面净应收账款增长率
公司汇总层面控制变量	AE	汇总层面会计盈余增长率
	LOSS	汇总层面资产减值损失
	RET	汇总层面股票市场回报

续表

变量类别	变量	变量定义
宏观经济层面控制变量	GDP	名义GDP增长率
	INV	固定资产投资额增长率
	CON	社会消费品零售总额增长率
	EXP	出口总额增长率
	CPI	消费者价格指数增长率
	MP	金融机构超额准备金率增长率

注：除MP采用国家层面数据计算外，其他变量均采用省份层面数据计算。

为验证假设2、假设3和假设4，即在不同市场地位、行业竞争程度和客户集中度下，应收账款增长对宏观经济增长的预测价值是否存在差异，本文将各省份样本公司按照市场地位、所在行业竞争程度和客户集中度进行分组，再分别计算各组的AR1、AR2、AR3、AE、LOSS和RET。市场地位用当期公司销售额占行业总销售额的比例衡量，本文以该比例的中值为界将分省份样本公司划分为市场地位较高和市场地位较低两组，进而计算两组各自的汇总层面指标，然后进行分组检验。在行业竞争方面，本文以销售收入的赫芬达尔指数来衡量企业所处行业的竞争程度，赫芬达尔指数等于当期行业内各公司销售收入占行业总销售收入比例的平方和，指数值越小表明行业竞争越强、垄断越弱，指数值越大则说明行业竞争越弱、垄断越强。本文以赫芬达尔指数的中值为界将分省份样本公司划分为所处行业竞争较弱和所处行业竞争较强两组，进而计算两组各自的汇总指标，然后进行分组检验。在客户集中度方面，本文用公司前五大客户销售额百分比之和衡量客户集中度，进而以其中值为界将分省份样本公司划分为客户集中度较高和客户集中度较低两组，计算两组各自的汇总指标，然后进行分组检验。

四、实证结果

（一）描述性统计与相关系数

表2报告了变量的描述性统计结果。未来一期名义GDP增长率（GDP_F）的均值和中位数分别达到0.132和0.120，标准差为0.077，说明样本期间内我国经济总体上保持平稳快速增长。汇总层面应收账款原值增长率（AR1）的均值和中位数分别为0.022和0.016，汇总层面应收账款净额增长率（AR2）的均值和中位数分别为0.090和0.066，表明样本期间内上市公司的商业信用供

给水平总体上保持增长。汇总层面净应收账款增长率(AR3)的均值为-0.198,中位数为-0.095,表明样本期间内上市公司的应付账款增长超过了应收账款增长。表3报告了变量的相关系数矩阵,可以看到 AR1、AR2、AR3 与 GDP_F 均存在负相关关系,这也初步验证了上市公司当期应收账款增长对未来宏观经济下行的预测功能。

表 2 描述性统计

变量	样本量	均值	标准差	最小值	25分位数	中位数	75分位数	最大值
GDP_F	682	0.132	0.077	-0.054	0.082	0.120	0.182	0.350
AR1	682	0.022	0.301	-0.743	-0.117	0.016	0.144	1.203
AR2	682	0.090	0.283	-0.509	-0.073	0.066	0.193	1.246
AR3	682	-0.198	0.645	-2.904	-0.400	-0.095	0.145	1.468
AE	682	0.033	0.588	-2.203	-0.235	0.028	0.290	2.051
LOSS	682	0.010	0.009	-0.000	0.005	0.008	0.014	0.050
RET	682	0.062	0.287	-0.438	-0.148	-0.007	0.290	0.776
GDP	682	0.136	0.077	-0.047	0.084	0.126	0.189	0.350
INV	682	0.205	0.134	-0.314	0.129	0.208	0.282	0.545
CON	682	0.152	0.047	0.052	0.120	0.149	0.185	0.254
EXP	682	0.142	0.299	-0.579	-0.016	0.126	0.297	1.168
CPI	682	0.001	0.031	-0.092	-0.010	0.001	0.021	0.062
MP	682	0.006	0.454	-0.560	-0.303	-0.143	0.174	1.625

(二) 回归结果

为验证假设1,即上市公司汇总层面的应收账款增长是否具有预测未来GDP增长的作用,本文采用分省份汇总层面的半年度数据进行检验。表4报告的结果显示,汇总层面应收账款原值增长率(AR1)、汇总层面应收账款净额增长率(AR2)和汇总层面净应收账款增长率(AR3)的回归系数均显著为负,表明上市公司的应收账款增长能够预测未来一期半年度的GDP增长,即上市公司披露的商业信用信息具有对宏观经济增长的预测价值,假设1得以验证。回归结果还显示,汇总层面会计盈余增长率(AE)和汇总层面股票市场回报(RET)的回归系数显著为正,汇总层面资产减值损失(LOSS)的回归系数显著为负,表明上市公司的会计盈余、股票收益和资产减值损失同样具有对宏观经济增长的预测功能,这与以往研究(Konchitchki and Patatoukas,2014a,2014b;方军雄等,2015;唐松等,2015;罗宏等,2016;肖志超和胡国强,2018)的结论保持一致。值

表 3 相关系数矩阵

变量	GDP_F	AR1	AR2	AR3	AE	LOSS	RET	GDP	INV	CON	EXP	CPI	MP
GDP_F	1.000	−0.351***	−0.340***	−0.150***	0.291***	−0.302***	0.202***	0.591***	0.461***	0.549***	0.254***	0.319***	−0.454***
AR1	−0.341***	1.000	0.630***	0.398***	−0.179***	0.073*	0.070*	−0.357***	−0.149***	−0.303***	−0.120***	−0.257***	0.233***
AR2	−0.285***	0.628***	1.000	0.196***	−0.251***	0.084**	−0.032	−0.293***	−0.081**	−0.242***	−0.159***	−0.339***	0.217***
AR3	−0.169***	0.356***	0.129***	1.000	−0.045	0.050	0.039	−0.131***	−0.110***	−0.174***	0.016	0.041	0.029
AE	0.274***	−0.149***	−0.216***	−0.052	1.000	−0.096***	0.171***	0.146***	−0.063*	0.020	0.086**	0.164***	−0.297***
LOSS	−0.235***	0.003	−0.001	0.034	−0.149***	1.000	−0.006	−0.228***	−0.210***	−0.243***	−0.142***	−0.124***	0.112***
RET	0.250***	0.076**	−0.032	0.024	0.133***	−0.061	1.000	−0.211***	0.024	−0.150***	−0.179***	−0.286***	−0.115***
GDP	0.532***	−0.353***	−0.248***	−0.138***	0.157***	−0.170***	−0.188***	1.000	0.485***	0.750***	0.538***	0.553***	−0.138***
INV	0.420***	−0.086**	−0.025	−0.100***	0.011	−0.164***	0.073*	0.450***	1.000	0.664***	0.317***	0.106***	−0.100***
CON	0.468***	−0.277***	−0.201***	−0.147***	0.064*	−0.116***	−0.113***	0.709***	0.591***	1.000	0.558***	0.496***	−0.113***
EXP	0.152***	−0.063	−0.100***	0.034	0.099***	−0.094***	−0.147***	0.448***	0.207***	0.471***	1.000	0.527***	0.022
CPI	0.098**	−0.166***	−0.258***	0.082**	0.073*	−0.040	−0.315***	0.473***	−0.030	0.378***	0.503***	1.000	−0.227***
MP	−0.314***	0.169***	0.173***	0.040	−0.245***	0.021	−0.092*	−0.075*	−0.016	−0.027	0.066*	−0.159***	1.000

注：右上半部和左下半部分分别为 Spearman 和 Pearson 相关系数；***、**、*分别代表在 1%、5% 和 10% 的统计水平上显著。

得注意的是，本文使用半年度数据检验应收账款对经济增长的预测作用，由于上市公司披露半年报的时间一般是半年度结束后的两个月内，因此商业信用信息是及时有效的宏观经济预测指标。

表 4 应收账款增长与未来 GDP 增长

变量	GDP_F					
	(1)	(2)	(3)	(4)	(5)	(6)
AR1	−0.085***			−0.038***		
	(−9.73)			(−5.01)		
AR2		−0.068***			−0.034***	
		(−7.20)			(−4.28)	
AR3			−0.019***			−0.007*
			(−3.88)			(−1.85)
AE	0.023***	0.024***	0.030***	0.014***	0.013***	0.015***
	(4.38)	(4.33)	(5.77)	(3.11)	(2.90)	(3.52)
LOSS	−2.736***	−2.731***	−2.517***	−1.471***	−1.435***	−1.296***
	(−6.84)	(−6.99)	(−6.36)	(−4.24)	(−4.22)	(−3.83)
RET	0.060***	0.051***	0.053***	0.068***	0.064***	0.068***
	(6.54)	(5.59)	(5.56)	(9.29)	(8.55)	(9.15)
GDP				0.335***	0.366***	0.376***
				(5.65)	(6.10)	(6.42)
INV				0.052*	0.046*	0.041
				(1.92)	(1.67)	(1.51)
CON				0.302***	0.325***	0.336***
				(3.41)	(3.57)	(3.82)
EXP				−0.014	−0.016*	−0.018*
				(−1.52)	(−1.68)	(−1.91)
CPI				−0.227**	−0.305***	−0.214**
				(−2.46)	(−3.20)	(−2.23)
MP				−0.035***	−0.037***	−0.038***
				(−6.51)	(−6.76)	(−6.82)
常数项	0.105***	0.109***	0.099***	0.029***	0.025**	0.019*
	(13.87)	(12.99)	(11.52)	(2.74)	(2.35)	(1.80)
半年度	控制	控制	控制	控制	控制	控制

续表

变量	GDP_F					
	(1)	(2)	(3)	(4)	(5)	(6)
省份	控制	控制	控制	控制	控制	控制
N	682	682	682	682	682	682
Adj.R^2	0.315	0.267	0.231	0.537	0.532	0.522

注：括号内为经过 White 异方差修正后的 t 值；***、**和*分别代表在 1%、5%和 10%的统计水平上显著。

为考察不同市场地位下应收账款增长对经济增长的预测功能，本文将样本公司划分为市场地位较高和市场地位较低两组，分别计算两组各自的公司汇总层面指标并进行分组检验，表 5 报告了相关回归结果。结果显示，在市场地位较高组中，汇总层面应收账款原值增长率（AR1）、汇总层面应收账款净额增长率（AR2）和汇总层面净应收账款增长率（AR3）与未来一期 GDP 增长率均显著负相关；而在市场地位较低组中，应收账款增长并未表现出对未来 GDP 增长的宏观预测作用。上述结果表明，应收账款增长对经济增长的预测功能主要体现在市场地位较高的企业中，假设 2 得以验证。

表 5 应收账款增长、市场地位与未来 GDP 增长

变量	GDP_F					
	市场地位较高	市场地位较低	市场地位较高	市场地位较低	市场地位较高	市场地位较低
	(1)	(2)	(3)	(4)	(5)	(6)
AR1	−0.031***	−0.010				
	(−4.57)	(−1.42)				
AR2			−0.031***	−0.011		
			(−4.05)	(−1.46)		
AR3					−0.006*	−0.002
					(−1.69)	(−0.73)
AE	0.004	0.013***	0.004	0.013***	0.006*	0.013***
	(1.19)	(3.97)	(1.14)	(3.95)	(1.67)	(4.14)
LOSS	−1.014***	−0.449*	−1.009***	−0.430*	−0.891***	−0.456*
	(−3.46)	(−1.83)	(−3.51)	(−1.77)	(−3.20)	(−1.85)
RET	0.068***	0.062***	0.064***	0.061***	0.068***	0.063***
	(9.05)	(8.63)	(8.38)	(8.31)	(8.97)	(8.68)

续表

变量	GDP_F					
	市场地位较高	市场地位较低	市场地位较高	市场地位较低	市场地位较高	市场地位较低
	(1)	(2)	(3)	(4)	(5)	(6)
GDP	0.367***	0.393***	0.387***	0.399***	0.398***	0.403***
	(6.36)	(6.51)	(6.69)	(6.49)	(6.99)	(6.65)
INV	0.052*	0.041	0.046*	0.039	0.045	0.035
	(1.91)	(1.41)	(1.69)	(1.38)	(1.63)	(1.24)
CON	0.303***	0.311***	0.323***	0.323***	0.328***	0.327***
	(3.37)	(3.26)	(3.52)	(3.43)	(3.66)	(3.51)
EXP	−0.012	−0.015	−0.014	−0.015	−0.016*	−0.015
	(−1.26)	(−1.54)	(−1.51)	(−1.58)	(−1.69)	(−1.54)
CPI	−0.262***	−0.260***	−0.324***	−0.287***	−0.249***	−0.260***
	(−2.81)	(−2.64)	(−3.41)	(−2.93)	(−2.61)	(−2.64)
MP	−0.039***	−0.041***	−0.040***	−0.042***	−0.041***	−0.043***
	(−7.10)	(−6.92)	(−7.24)	(−7.11)	(−7.24)	(−7.22)
常数项	0.026**	0.017	0.023**	0.016	0.018*	0.015
	(2.43)	(1.59)	(2.15)	(1.51)	(1.70)	(1.33)
半年度	控制	控制	控制	控制	控制	控制
省份	控制	控制	控制	控制	控制	控制
N	682	682	682	682	682	682
Adj.R^2	0.519	0.502	0.516	0.502	0.505	0.501

注:括号内为经过White异方差修正后的t值;***、**和*分别代表在1%、5%和10%的统计水平上显著。

为检验不同行业竞争程度下应收账款增长对经济增长的预测功能,本文以销售收入赫芬达尔指数的中值为界将样本公司划分为行业竞争较强和行业竞争较弱两组,分别计算两组各自的公司汇总层面指标并进行分组检验。表6第(1)列和第(2)列的结果显示,行业竞争较弱组和行业竞争较强组的汇总层面应收账款原值增长率(AR1)的回归系数均显著为负,但未通过组间系数差异检验(系数差异检验F值等于0.004,对应P值为0.956)。第(3)列和第(4)列的结果表明,汇总层面应收账款净额增长率(AR2)的回归系数在行业竞争较弱组和行业竞争较强组中均显著为负,而且通过组间系数差异检验(系数差异检验F值等于8.526,对应P值为0.004)。第(5)列和第(6)列的结果显示,汇总层面净应收账款增长率（AR3）的回归系数只在行业竞争较弱组中显著为负。上述结果总体说明应收账款增长对经济增长的预测功能更多地体现在行业竞争较弱的公司中，假设 3 得以验证。

表 6 应收账款增长、行业竞争与未来 GDP 增长

变量	GDP_F					
	行业竞争较弱	行业竞争较强	行业竞争较弱	行业竞争较强	行业竞争较弱	行业竞争较强
	(1)	(2)	(3)	(4)	(5)	(6)
AR1	−0.024***	−0.025***				
	(−4.03)	(−3.76)				
AR2			−0.031***	−0.014**		
			(−4.63)	(−2.03)		
AR3					−0.007**	−0.001
					(−2.08)	(−0.30)
AE	0.010***	0.008**	0.010***	0.008*	0.011***	0.009**
	(2.81)	(1.97)	(2.79)	(1.96)	(3.28)	(2.08)
LOSS	−0.738***	−0.531**	−0.701***	−0.469*	−0.699**	−0.436
	(−2.67)	(−2.02)	(−2.62)	(−1.76)	(−2.52)	(−1.61)
RET	0.068***	0.064***	0.065***	0.061***	0.069***	0.062***
	(9.85)	(8.35)	(9.44)	(7.85)	(10.00)	(8.05)
GDP	0.378***	0.380***	0.383***	0.405***	0.401***	0.409***
	(6.33)	(6.58)	(6.36)	(7.00)	(6.94)	(6.96)
INV	0.053*	0.046	0.054**	0.039	0.048*	0.039
	(1.96)	(1.61)	(1.99)	(1.39)	(1.74)	(1.36)
CON	0.300***	0.309***	0.305***	0.340***	0.303***	0.350***
	(3.23)	(3.32)	(3.23)	(3.63)	(3.30)	(3.77)
EXP	−0.015	−0.011	−0.016*	−0.013	−0.016*	−0.013
	(−1.57)	(−1.19)	(−1.66)	(−1.36)	(−1.70)	(−1.40)
CPI	−0.237**	−0.275***	−0.277***	−0.322***	−0.213**	−0.295***
	(−2.44)	(−2.94)	(−2.83)	(−3.35)	(−2.20)	(−3.07)
MP	−0.037***	−0.042***	−0.036***	−0.044***	−0.038***	−0.045***
	(−6.66)	(−7.19)	(−6.67)	(−7.44)	(−6.79)	(−7.44)
常数项	0.022**	0.022*	0.022**	0.017	0.019*	0.014
	(2.12)	(1.93)	(2.08)	(1.48)	(1.83)	(1.21)

续表

变量	GDP_F					
	行业竞争较弱	行业竞争较强	行业竞争较弱	行业竞争较强	行业竞争较弱	行业竞争较强
	(1)	(2)	(3)	(4)	(5)	(6)
半年度	控制	控制	控制	控制	控制	控制
省份	控制	控制	控制	控制	控制	控制
N	682	682	682	682	682	682
Adj.R^2	0.517	0.497	0.523	0.489	0.511	0.485

注：括号内为经过 White 异方差修正后的 t 值；***、**和*分别代表在 1%、5%和 10%的统计水平上显著。

为验证不同客户集中度下应收账款增长的宏观经济预测价值，本文将各省份公司划分为客户集中度较高和客户集中度较低两组，分别计算两组各自的公司汇总层面指标并进行分组检验。表 7 第(1)列和第(2)列的结果显示，客户集中度较高组和客户集中度较低组的汇总层面应收账款原值增长率(AR1)均与未来一期 GDP 增长率显著负相关，并通过组间系数差异检验(系数差异检验 F 值等于 8.066，对应 P 值为 0.005)。第(3)列和第(4)列的结果显示，汇总层面应收账款净额增长率(AR2)的回归系数均显著为负，但未通过组间系数差异检验(系数差异检验 F 值等于 1.690，对应 P 值为 0.194)。第(5)列和第(6)列的结果表明，汇总层面净应收账款增长率(AR3)的回归系数只在客户集中度较高组中显著为负。上述结果总体表明，应收账款增长对经济增长的预测功能更多地体现在客户集中度较高的公司中，假设 4 得以验证。

表 7 应收账款增长、客户集中度与未来 GDP 增长

变量	GDP_F					
	客户集中度较高	客户集中度较低	客户集中度较高	客户集中度较低	客户集中度较高	客户集中度较低
	(1)	(2)	(3)	(4)	(5)	(6)
AR1	−0.030***	−0.017***				
	(−4.68)	(−2.60)				
AR2			−0.024***	−0.020***		
			(−3.24)	(−2.73)		
AR3					−0.005*	−0.003
					(−1.88)	(−0.90)
AE	0.005**	0.008***	0.005**	0.008***	0.006***	0.009***
	(2.08)	(3.18)	(2.08)	(3.20)	(2.66)	(3.49)

续表

变量	GDP_F					
	客户集中度较高	客户集中度较低	客户集中度较高	客户集中度较低	客户集中度较高	客户集中度较低
	(1)	(2)	(3)	(4)	(5)	(6)
LOSS	−0.190	−0.629***	−0.164	−0.651***	−0.157	−0.554**
	(−0.91)	(−2.78)	(−0.80)	(−2.91)	(−0.78)	(−2.55)
RET	0.057***	0.053***	0.055***	0.050***	0.057***	0.054***
	(8.77)	(8.72)	(8.16)	(8.13)	(8.70)	(8.80)
GDP	0.379***	0.371***	0.402***	0.381***	0.407***	0.384***
	(6.38)	(6.40)	(6.67)	(6.54)	(6.91)	(6.65)
INV	0.054*	0.048*	0.045	0.046*	0.044	0.044
	(1.93)	(1.77)	(1.61)	(1.67)	(1.56)	(1.61)
CON	0.264***	0.344***	0.300***	0.350***	0.303***	0.357***
	(2.82)	(3.69)	(3.15)	(3.70)	(3.24)	(3.87)
EXP	−0.010	−0.016*	−0.012	−0.017*	−0.013	−0.017*
	(−1.06)	(−1.71)	(−1.21)	(−1.75)	(−1.32)	(−1.82)
CPI	−0.268***	−0.244**	−0.324***	−0.287***	−0.253***	−0.244**
	(−2.80)	(−2.57)	(−3.32)	(−2.94)	(−2.60)	(−2.54)
MP	−0.041***	−0.040***	−0.043***	−0.040***	−0.043***	−0.041***
	(−7.29)	(−7.03)	(−7.47)	(−7.08)	(−7.40)	(−7.16)
常数项	0.024**	0.019*	0.020*	0.018*	0.015	0.016
	(2.23)	(1.80)	(1.80)	(1.67)	(1.35)	(1.47)
半年度	控制	控制	控制	控制	控制	控制
省份	控制	控制	控制	控制	控制	控制
N	682	682	682	682	682	682
Adj.R^2	0.507	0.506	0.498	0.507	0.492	0.502

注：括号内为经过White异方差修正后的t值；***、**和*分别代表在1%、5%和10%的统计水平上显著。

（三）稳健性检验

第一，本文替换了商业信用的衡量方式，重新计算汇总层面应收账款增长率，再次考察商业信用的宏观经济预测价值。表8报告了相关检验结果，其中AR4和AR5的汇总层面商业信用增长分别用"应收账款净额＋应收票据净额"和"应收账款净额＋应收票据净额－预付款项净额"衡量，具体加权平均计算过程与AR1、AR2和AR3一致。检验结果表明，替换衡量方式的应收账款增长对GDP增长仍具有预测价值。

表 8　替换商业信用衡量方式

变量	GDP_F			
	(1)	(2)	(3)	(4)
AR4	−0.034***		−0.019*	
	(−2.71)		(−1.94)	
AR5		−0.012***		−0.006**
		(−2.73)		(−2.01)
AE	0.021***	0.021***	0.012***	0.012***
	(5.17)	(5.29)	(3.32)	(3.39)
LOSS	−3.245***	−3.231***	−1.520***	−1.512***
	(−7.08)	(−7.22)	(−4.08)	(−4.08)
RET	0.048***	0.046***	0.058***	0.058***
	(5.82)	(5.61)	(8.67)	(8.70)
GDP			0.371***	0.369***
			(6.41)	(6.39)
INV			0.045*	0.043
			(1.69)	(1.62)
CON			0.328***	0.332***
			(3.69)	(3.75)
EXP			−0.017*	−0.017*
			(−1.82)	(−1.77)
CPI			−0.239**	−0.232**
			(−2.53)	(−2.46)
MP			−0.039***	−0.039***
			(−6.92)	(−6.94)
常数项	0.110***	0.110***	0.023**	0.023**
	(11.78)	(11.80)	(2.12)	(2.11)
半年度	控制	控制	控制	控制
省份	控制	控制	控制	控制
N	682	682	682	682
Adj.R^2	0.232	0.235	0.523	0.523

注：括号内为经过 White 异方差修正后的 t 值；***、**和*分别代表在1%、5%和10%的统计水平上显著。

第二，本文使用省份汇总层面的年度数据进行检验，即以上市公司各指标的年末值或当年值为基础计算各指标的年度增长率，然后进行加权平均，进而计算出分省份汇总层面各指标的年度增长率，加权平均方法与前文一致，相应的样本量变为半年度数据的一半,即 341 个观测值。表 9 的结果总体表明,使用年度数据计算的汇总层面应收账款增长率同样能够预测未来宏观经济走势。

表 9 基于省份汇总层面年度数据的检验

变量	GDP_F								
	(1)	(2)	(3)	(4)	(5)	(6)	(7)	(8)	(9)
AR1	−0.040***			−0.013**			−0.010**		
	(−5.97)			(−2.22)			(−2.19)		
AR2		−0.030***			−0.004			−0.005	
		(−4.55)			(−0.77)			(−1.00)	
AR3			−0.018***			−0.007*			−0.001
			(−4.03)			(−1.68)			(−0.20)
AE	0.011**	0.009*	0.012**	0.004	0.005	0.004	0.004	0.004	0.003
	(2.05)	(1.74)	(2.47)	(0.98)	(1.04)	(0.91)	(1.01)	(1.01)	(0.94)
LOSS	−3.058***	−3.172***	−3.097***	−0.982***	−0.924**	−0.902**	−0.273	−0.265	−0.215
	(−7.05)	(−6.91)	(−7.05)	(−2.57)	(−2.32)	(−2.33)	(−0.92)	(−0.85)	(−0.70)
RET	0.053***	0.058***	0.054***	0.031***	0.032***	0.032***	−0.000	0.000	0.001
	(11.33)	(11.71)	(10.85)	(6.00)	(6.00)	(6.11)	(−0.01)	(0.02)	(0.11)
GDP				0.383***	0.401***	0.429***	0.292***	0.296***	0.305***
				(4.64)	(4.81)	(5.28)	(3.87)	(3.84)	(3.91)
INV				0.037*	0.034*	0.035*	0.041**	0.041**	0.039**
				(1.93)	(1.71)	(1.78)	(2.49)	(2.40)	(2.29)
CON				0.230**	0.264***	0.197*	−0.027	−0.021	−0.025
				(2.38)	(2.73)	(1.92)	(−0.22)	(−0.18)	(−0.21)
EXP				−0.008	−0.009	−0.008	−0.003	−0.003	−0.002
				(−0.79)	(−0.88)	(−0.82)	(−0.34)	(−0.31)	(−0.27)
CPI				−0.334***	−0.401***	−0.345***	−0.048	−0.060	−0.058
				(−3.07)	(−3.96)	(−3.34)	(−0.17)	(−0.20)	(−0.20)
MP				−0.076***	−0.080***	−0.074***	−0.536***	−0.531***	−0.535***
				(−7.92)	(−8.17)	(−7.81)	(−3.62)	(−3.53)	(−3.54)
常数项	0.109***	0.110***	0.099***	0.024*	0.017	0.019	−0.023	−0.024	−0.026
	(12.27)	(11.39)	(10.88)	(1.70)	(1.22)	(1.40)	(−1.14)	(−1.16)	(−1.24)
年度							控制	控制	控制
省份	控制	控制	控制	控制	控制	控制	控制	控制	控制
N	341	341	341	341	341	341	341	341	341
Adj.R^2	0.449	0.415	0.421	0.671	0.665	0.670	0.810	0.807	0.807

注:括号内为经过 White 异方差修正后的 t 值;***、**和*分别代表在 1%、5% 和 10% 的统计水平上显著。

第三，本文用基于国家层面的产业汇总面板数据进行检验。根据第一产业、第二产业和第三产业的分类，本文将全国范围的上市公司对应分为农业类、制造业类和服务业类三组，分组计算国家层面三大产业上市公司各自的汇总指标，进而以各产业未来一期产业增加值增长率为被解释变量，使用产业汇总面板数据进行预测，回归中控制产业虚拟变量，解释变量中的 GDP 也变更为当期产业增加值增长率。该回归涉及 22 个半年度期间和三大产业，共计 66 个观测值。根据证监会发布的 2012 年版上市公司行业分类指引的行业代码，本文将代码开头为 A(农、林、牧、渔业)的行业界定为第一产业，代码开头为 B(采矿业)、C(制造业)、D(电力、热力、燃气及水生产和供应业)和 E(建筑业)的行业界定为第二产业，其他行业界定为第三产业。国家层面的产业汇总面板数据的检验结果(见表 10)表明，商业信用对未来经济增长同样具有预测功能。

表 10 基于产业汇总面板数据的检验

变量	未来一期产业增加值增长率					
	(1)	(2)	(3)	(4)	(5)	(6)
AR1	−0.015*			−0.005**		
	(−1.98)			(−2.12)		
AR2		−0.003**			−0.001*	
		(−2.42)			(−1.95)	
AR3			0.001			0.001
			(1.37)			(1.62)
AE	0.000	0.001	0.001	0.001*	0.001*	0.001*
	(0.45)	(0.68)	(0.67)	(1.69)	(1.86)	(1.92)
LOSS	0.008***	0.010***	0.011***	0.007***	0.006***	0.008***
	(3.43)	(4.46)	(5.01)	(3.06)	(2.68)	(3.42)
RET	0.055**	0.064**	0.060**	0.041***	0.044***	0.046***
	(2.27)	(2.58)	(2.48)	(3.72)	(3.84)	(4.16)
GDP				0.834***	0.862***	0.899***
				(6.58)	(7.22)	(7.31)
INV				−0.087	−0.098	−0.144*
				(−1.20)	(−1.43)	(−2.00)
CON				0.043	0.034	0.025
				(0.70)	(0.56)	(0.40)
EXP				0.114	0.159	0.212
				(0.74)	(1.00)	(1.26)
CPI				−0.599**	−0.667**	−0.641**
				(−2.01)	(−2.31)	(−2.09)

续表

变量	未来一期产业增加值增长率					
	(1)	(2)	(3)	(4)	(5)	(6)
MP				−0.020***	−0.023***	−0.020***
				(−2.86)	(−3.28)	(−2.86)
常数项	0.123***	0.126***	0.125***	0.014	0.008	0.005
	(10.73)	(10.60)	(10.54)	(0.84)	(0.45)	(0.26)
半年度	控制	控制	控制	控制	控制	控制
产业	控制	控制	控制	控制	控制	控制
N	66	66	66	66	66	66
Adj.R^2	0.151	0.092	0.080	0.797	0.795	0.797

注：括号内为经过 White 异方差修正后的 t 值；***、**和*分别代表在 1％、5％和 10％的统计水平上显著。

第四，本文在模型中又控制了如下宏观层面的金融变量：货币供应量增长（M2），等于 M2 同比增长率；银行间同业拆借利率（SHIBOR），等于银行间 7 天期同业拆借加权平均利率；金融机构贷款增长率（LOAN），等于金融机构贷款余额同比增长率。表 11 的结果显示，应收账款增长对未来 GDP 增长仍旧具有预测功能。也就是说，相比于宏观层面的金融指标，微观金融体系的商业信用对宏观经济增长具有增量预测价值。

表 11 控制宏观层面金融变量的检验

变量	GDP_F		
	(1)	(2)	(3)
AR1	−0.027***		
	(−3.54)		
AR2		−0.034***	
		(−4.54)	
AR3			−0.003
			(−0.95)
AE	0.012***	0.010**	0.013***
	(2.82)	(2.42)	(3.03)
LOSS	−1.260***	−1.267***	−1.142***
	(−3.71)	(−3.80)	(−3.44)
RET	0.053***	0.047***	0.052***
	(6.61)	(6.07)	(6.41)
GDP	0.344***	0.359***	0.371***
	(6.02)	(6.28)	(6.57)

续表

变量	GDP_F		
	(1)	(2)	(3)
INV	0.027	0.022	0.018
	(1.00)	(0.84)	(0.67)
CON	−0.125	−0.163	−0.134
	(−1.17)	(−1.51)	(−1.25)
EXP	−0.012	−0.012	−0.014
	(−1.34)	(−1.24)	(−1.48)
CPI	0.235**	0.215*	0.281**
	(2.08)	(1.91)	(2.50)
MP	−0.016***	−0.015***	−0.017***
	(−2.90)	(−2.73)	(−3.04)
M2	0.687***	0.756***	0.747***
	(7.92)	(8.74)	(8.61)
SHIBOR	0.005***	0.005***	0.005***
	(3.32)	(3.33)	(3.00)
LOAN	−0.154	−0.174	−0.187
	(−1.31)	(−1.47)	(−1.57)
常数项	−0.030*	−0.033**	−0.036**
	(−1.83)	(−2.05)	(−2.21)
半年度	控制	控制	控制
省份	控制	控制	控制
N	682	682	682
Adj.R^2	0.572	0.577	0.564

注：括号内为经过 White 异方差修正后的 t 值；***、**和*分别代表在1%、5%和10%的统计水平上显著。

五、进一步分析

（一）商业信用信息的预测期长度

前文的实证结果表明，上市公司汇总层面的应收账款增长能够预测未来第1期半年度的 GDP 增长。接下来，本文将模型中的被解释变量分别替换为未来第2期、第3期和第4期半年度的名义 GDP 增长率，相关检验结果见表12。可以看到，汇总层面的应收账款增长能够预测未来第2—4期经济形势变动。需要特别指出的是，汇总层面会计盈余增长率（AE）的回归系数在被解释变量为未来第 4 期半年度 GDP 增长率时并不显著,这在一定程度上表明会计盈余增长对宏观经济增长的预测期长度要短于应收账款增长的预测期长度。也就是说相比于会计盈余,上市公司的商业信用信息能够预示未来更长期的经济走势。这可能是因为商业信用能够在未来较长时间内支持企业的生产经营活动,其发放和收回因反映了未来的现金流状况而更具前瞻性,蕴含了更多与未来经济走势相关的信息含量。与之相比,会计盈余更多地反映了企业过去期间的经营成果,在体现管理层对经济走势的预期方面存在局限,前瞻性较弱,对未来较长时期经济增长的预测价值较低,这也显示出商业信用信息在宏观经济预测上所具有的优势,进而丰富了目前的预测模型并增强了模型的预测能力。

表 12　应收账款增长与未来多期 GDP 增长

变量	未来第 2 期 GDP 增长			未来第 3 期 GDP 增长			未来第 4 期 GDP 增长		
	(1)	(2)	(3)	(4)	(5)	(6)	(7)	(8)	(9)
AR1	−0.017*			−0.024**			−0.038***		
	(−1.66)			(−2.27)			(−3.91)		
AR2		−0.029***			−0.006			−0.005	
		(−2.93)			(−0.58)			(−0.48)	
AR3			−0.001			−0.009**			−0.011**
			(−0.27)			(−2.16)			(−2.13)
AE	0.018***	0.016***	0.019***	0.015**	0.016**	0.016***	0.000	0.002	0.002
	(3.38)	(3.11)	(3.52)	(2.47)	(2.58)	(2.64)	(0.06)	(0.30)	(0.30)
LOSS	−0.162	−0.201	−0.090	1.230**	1.306**	1.335***	−0.690*	−0.551	−0.524
	(−0.44)	(−0.54)	(−0.24)	(2.47)	(2.55)	(2.61)	(−1.78)	(−1.39)	(−1.35)
RET	0.081***	0.077***	0.080***	−0.019*	−0.020*	−0.018	−0.020*	−0.022*	−0.020*
	(8.63)	(8.13)	(8.62)	(−1.67)	(−1.82)	(−1.63)	(−1.81)	(−1.93)	(−1.77)
GDP	−0.104	−0.098	−0.088	0.072	0.093*	0.086*	0.036	0.071*	0.061
	(−1.13)	(−1.08)	(−0.97)	(1.46)	(1.85)	(1.72)	(0.90)	(1.78)	(1.53)
INV	0.107***	0.106***	0.101***	0.048	0.041	0.042	0.048	0.036	0.038
	(2.90)	(2.89)	(2.75)	(1.36)	(1.16)	(1.21)	(1.40)	(1.02)	(1.09)
CON	0.831***	0.832***	0.856***	0.918***	0.953***	0.934***	0.759***	0.819***	0.793***
	(6.80)	(6.69)	(6.91)	(9.13)	(9.70)	(9.42)	(8.58)	(9.23)	(8.55)
EXP	−0.012	−0.012	−0.014	−0.054***	−0.056***	−0.055***	−0.057***	−0.061***	−0.059***
	(−0.99)	(−0.96)	(−1.15)	(−4.48)	(−4.66)	(−4.64)	(−4.71)	(−5.05)	(−4.99)
CPI	−0.273**	−0.331***	−0.273**	−0.469***	−0.488***	−0.437***	−0.576***	−0.597***	−0.538***
	(−2.22)	(−2.69)	(−2.18)	(−4.06)	(−4.18)	(−3.68)	(−5.22)	(−5.28)	(−4.65)

续表

变量	未来第2期GDP增长			未来第3期GDP增长			未来第4期GDP增长		
	(1)	(2)	(3)	(4)	(5)	(6)	(7)	(8)	(9)
MP	−0.009*	−0.009*	−0.011**	0.010*	0.008	0.008	−0.025***	−0.028***	−0.027***
	(−1.82)	(−1.81)	(−2.11)	(1.76)	(1.45)	(1.51)	(−4.71)	(−5.27)	(−5.16)
常数项	0.011	0.012	0.006	−0.025	−0.030*	−0.031*	0.011	0.001	0.001
	(0.64)	(0.69)	(0.37)	(−1.46)	(−1.80)	(−1.81)	(0.64)	(0.08)	(0.08)
半年度	控制	控制	控制	控制	控制	控制	控制	控制	控制
省份	控制	控制	控制	控制	控制	控制	控制	控制	控制
N	682	682	682	682	682	682	682	682	682
Adj.R^2	0.352	0.357	0.350	0.340	0.334	0.338	0.316	0.300	0.307

注：括号内为经过White异方差修正后的t值；***、**和*分别代表在1％、5％和10％的统计水平上显著。

（二）坏账准备的宏观经济预测价值

接下来，本文将考察坏账准备对未来宏观经济增长的预测价值。为此，本文在模型中添加了汇总层面坏账准备增长率（BDP）进行检验。BDP的计算方法与前述公司汇总层面变量类似，先计算上市公司当期坏账准备增加值与上年同期坏账准备增加值相比的同比增长率，其中坏账准备增加值用当期营业收入标准化，然后以分省份各公司当期营业收入占全体公司营业收入的比例为权重，计算分省份上市公司坏账准备增长率的加权平均值，即得到汇总层面坏账准备增长率（BDP）。表13第（1）列至第（5）列的结果显示，BDP的回归系数显著为负，表明上市公司计提的坏账准备同样具有预示未来宏观经济下行风险的指示器作用。这是因为坏账准备增加反映了管理层对应收账款收回可能性的悲观预估，说明管理层预期未来经济走势严峻，因而能够预测未来经济下行趋势。此外，第（5）列和第（6）列的结果显示，在模型中同时加入汇总层面应收账款原值增长率（AR1）、汇总层面应收账款净额增长率（AR2）和汇总层面净应收账款增长率（AR3）后，AR2和AR3的预测作用消失了，这在一定程度上说明应收账款原值是更加直接明晰的宏观经济增长预测指标。这可能是因为应收账款原值直接代表企业的商业信用供给水平，直观显示客户拖欠应收账款的意愿，更能体现应收账款所蕴含的宏观层面的风险信息含量。

表 13 应收账款增长、坏账准备增长与未来 GDP 增长

变量	GDP_F					
	(1)	(2)	(3)	(4)	(5)	(6)
BDP	−0.005**	−0.005**	−0.004**	−0.005**	−0.004**	
	(−2.56)	(−2.47)	(−2.13)	(−2.44)	(−2.23)	
AR1		−0.033***			−0.023**	−0.023**
		(−4.82)			(−2.50)	(−2.43)
AR2			−0.031***		−0.014	−0.015
			(−4.04)		(−1.53)	(−1.64)
AR3				−0.006*	−0.002	−0.002
				(−1.73)	(−0.47)	(−0.53)
AE	0.010***	0.009***	0.009***	0.010***	0.009***	0.009***
	(3.40)	(3.00)	(2.96)	(3.27)	(2.86)	(2.86)
LOSS	−0.699**	−0.828***	−0.825***	−0.732**	−0.858***	−0.862***
	(−2.40)	(−2.84)	(−2.80)	(−2.52)	(−2.92)	(−2.94)
RET	0.057***	0.057***	0.052***	0.057***	0.055***	0.055***
	(9.30)	(9.68)	(8.34)	(9.42)	(8.87)	(8.81)
GDP	0.386***	0.346***	0.370***	0.375***	0.347***	0.346***
	(6.50)	(5.80)	(6.15)	(6.36)	(5.82)	(5.83)
INV	0.045*	0.056**	0.051*	0.048*	0.056**	0.057**
	(1.67)	(2.13)	(1.91)	(1.77)	(2.13)	(2.14)
CON	0.327***	0.271***	0.297***	0.309***	0.268***	0.268***
	(3.58)	(3.04)	(3.27)	(3.42)	(2.99)	(2.99)
EXP	−0.016*	−0.013	−0.015	−0.015	−0.013	−0.013
	(−1.67)	(−1.35)	(−1.52)	(−1.63)	(−1.36)	(−1.36)
CPI	−0.222**	−0.204**	−0.286***	−0.199**	−0.232**	−0.240**
	(−2.32)	(−2.20)	(−2.98)	(−2.09)	(−2.46)	(−2.55)
MP	−0.041***	−0.037***	−0.039***	−0.040***	−0.037***	−0.037***
	(−7.06)	(−6.58)	(−6.99)	(−6.98)	(−6.68)	(−6.72)
常数项	0.019*	0.029***	0.026**	0.019*	0.029***	0.029**
	(1.69)	(2.59)	(2.29)	(1.69)	(2.59)	(2.56)
半年度	控制	控制	控制	控制	控制	控制
省份	控制	控制	控制	控制	控制	控制
N	682	682	682	682	682	682
Adj.R^2	0.512	0.528	0.524	0.515	0.529	0.528

注：括号内为经过 White 异方差修正后的 t 值；***、**和*分别代表在 1%、5%和 10%的统计水平上显著。

六、研究结论

本文以 2007—2017 年我国 A 股上市公司分省份汇总层面的半年度数据为样本,检验了企业披露的商业信用信息对经济增长的宏观预测功能。研究发现,汇总层面的应收账款原值增长率、应收账款净额增长率和净应收账款增长率均与未来一期 GDP 增长率显著负相关,说明企业披露的商业信用信息可以预测未来宏观经济走势。市场地位较高、所在行业竞争较弱和客户集中度较高企业的应收账款的宏观经济预测功能更强。此外,相比于会计盈余,应收账款在预测未来较长期经济变化时具有更大优势。进一步的分析表明,汇总层面的坏账准备同样能够预测未来 GDP 变化趋势。

本文通过"微观到宏观"的分析框架,将微观企业的商业信用与宏观经济增长联系起来,提供了应收账款信息具有宏观经济预测价值的实证证据,丰富了"宏微观"领域的现有成果。会计信息的宏观预测功能已逐步成为近年来学术界的关注热点,然而多数文献只考察了会计盈余对未来经济增长(Konchitchki and Patatoukas,2014a;罗宏等,2016)和通货膨胀(Shivakumar and Urcan,2017)的预测价值。本文发现上市公司的应收账款能够预测宏观经济走势,不仅表明上市公司的商业信用信息同样具有宏观经济的"晴雨表"功能,丰富了宏观经济总量及时预测和评价的方法,更从会计信息有用性的视角审视了非正式金融体系在宏观经济运行中的作用,对资本市场监管机构以及政府进行宏观调控、预测宏观经济形势和防范化解宏观经济风险具有重要的借鉴与参考意义。

参 考 文 献

陈胜蓝,刘晓玲,2018.经济政策不确定性与公司商业信用供给[J].金融研究(5):172-190.

陈武朝,2013.经济周期、行业周期性与盈余管理程度:来自中国上市公司的经验证据[J].南开管理评论(3):26-35.

陈正林,2017.客户集中、行业竞争与商业信用[J].会计研究(11):79-85.

方军雄,周大伟,罗宏,等,2015.会计信息与宏观分析师经济预测[J].中国会计评论(4):389-412.

侯青川,靳庆鲁,陈明端,2015.经济发展、政府偏袒与公司发展:基于政府代理问题与公司代理问题的分析[J].经济研究(1):140-152.

胡泽,夏新平,余明桂,2013.金融发展、流动性与商业信用:基于全球金融危机的实证研究[J].南开管理评论(3):4-15.

姜国华,饶品贵,2011.宏观经济政策与微观企业行为:拓展会计与财务研究新领域[J].会计研究(3):

9-18.

江静,2014.融资约束与中国企业储蓄率:基于微观数据的考察[J].管理世界(8):18-29.

江伟,底璐璐,彭晨,2017.客户集中度影响银行长期贷款吗:来自中国上市公司的经验证据[J].南开管理评论(2):71-80.

江伟,姚文韬,2016.《物权法》的实施与供应链金融:来自应收账款质押融资的经验证据[J].经济研究(1):141-154.

靳庆鲁,李荣林,万华林,2008.经济增长、经济政策与公司业绩关系的实证研究[J].经济研究(8):90-101.

孔宁宁,张新民,吕娟,2009.营运资本管理效率对公司盈利能力的影响:基于中国制造业上市公司的经验证据[J].南开管理评论(6):121-126.

李远鹏,2009.经济周期与上市公司经营绩效背离之谜[J].经济研究(3):99-109.

刘仁伍,盛文军,2011.商业信用是否补充了银行信用体系[J].世界经济(11):103-120.

刘尚希,2016.宏观经济、资产负债表与会计计量[J].会计研究(11):3-5.

陆正飞,杨德明,2011.商业信用:替代性融资,还是买方市场[J].管理世界(4):6-14.

罗宏,陈坤,曾永良,2020.上市公司行业间会计盈余差异与宏观经济增长预测[J].会计研究(11):16-32.

罗宏,方军雄,曾永良,等,2017.企业汇总会计盈余能有效预测未来通货膨胀吗?[J].经济评论(6):148-162.

罗宏,曾永良,方军雄,等,2016.会计信息的宏观预测价值:基于中国制度环境的研究[J].会计研究(4):9-18.

马永强,吴年年,玄宇豪,2021.银行贷款信息的宏观预测价值:基于中国制度环境的研究[J].南开管理评论(1):136-147.

马永强,张志远,2020.固定资产信息与宏观经济增长预测[J].会计研究(10):50-65.

饶品贵,姜国华,2013.货币政策对银行信贷与商业信用互动关系影响研究[J].经济研究(1):68-82.

石晓军,张顺明,2010.经济周期中商业信用与银行借款替代行为研究[J].管理科学学报(12):10-22.

苏冬蔚,曾海舰,2009.宏观经济因素与公司资本结构变动[J].经济研究(12):52-65.

孙霄翀,高峰,马菁蕴,等,2007.上证综指脱离中国经济吗?兼论如何改进上证综指[J].金融研究(9):173-183.

唐松,吴秋君,孙铮,2015.会计盈余能预测未来GDP增长率吗[J].中国会计评论(3):267-284.

吴娜,2013.经济周期、融资约束与营运资本的动态协同选择[J].会计研究(8):54-61.

吴婷婷,周月书,褚保金,2012.农村中小企业、市场势力与商业信用:基于江苏省高淳、溧水两县的调查[J].中国农村经济(2):46-55.

肖奎喜,王满四,倪海鹏,2011.供应链模式下的应收账款风险研究:基于贝叶斯网络模型的分析[J].会计研究(11):65-71.

肖志超,胡国强,2018.会计信息预测宏观经济增长的实现路径:盈余传导与风险感知[J].财经研究(1):61-74.

叶康涛,庄汶资,孙苇杭,2020.资产减值信息与宏观经济预测[J].经济学(季刊)(5):43-64.

徐晓萍,李猛,2009.商业信用的提供:来自上海市中小企业的证据[J].金融研究(6):161-174.

余明桂,潘红波,2010.金融发展、商业信用与产品市场竞争[J].管理世界(8):117-129.

张杰,刘元春,翟福昕,等,2013.银行歧视、商业信用与企业发展[J].世界经济(9):94-126.

张金昌,范瑞真,2012.资金链断裂成因的理论分析和实证检验[J].中国工业经济(3):95-107.

张立民,彭雯,钟凯,2018.宏观经济与审计定价:需求主导还是供给主导[J].会计研究(2):76-82.

张先治,于悦,2013.会计准则变革、企业财务行为与经济发展的传导效应和循环机理[J].会计研究(10):3-12.

张永冀,孟庆斌,2016.预期通货膨胀与企业资产结构[J].会计研究(7):27-34.

BALL R, BROWN P, 1968. An empirical evaluation of accounting income numbers[J].Journal of accounting research,6(2):159-178.

BHASKAR L S, KRISHNAN G V, YU W, 2017.Debt covenant violations, firm financial distress, and auditor actions[J].Contemporary accounting research, 34(1):186-215.

BIAIS B, GOLLIER C, 1997. Trade credit and credit rationing[J].The review of financial studies, 10(4):903-937.

CREADY W M, GURUN U G,2010. Aggregate market reaction to earnings announcements[J].Journal of accounting research,48(2):289-334.

CULL R, XU L C, ZHU T, 2009.Formal finance and trade credit during China's transition[J].Journal of financial intermediation,18(2):173-192.

FAIRFIELD P M, YOHN T L, 2001.Using asset turnover and profit margin to forecast changes in profitability[J].Review of accounting studies,6(4):371-385.

FISMAN R, LOVE I, 2003. Trade credit, financial intermediary development, and industry growth[J]. The journal of finance,58(1):353-374.

FISMAN R, RATURI M, 2004. Does competition encourage credit provision? evidence from African trade credit relationships[J].The review of economics and statistics,86(1):345-352.

GALLO L A, HANN R N, LI C, 2016. Aggregate earnings surprises, monetary policy, and stock returns[J].Journal of accounting and economics,62(1):103-120.

KHAN U, OZEL N B, 2016. Real activity forecasts using loan portfolio information[J].Journal of accounting research,54(3): 895-937.

KONCHITCHKI Y, PATATOUKAS P N, 2014a. Accounting earnings and gross domestic product[J]. Journal of accounting and economics,57(1):76-88.

KONCHITCHKI Y, PATATOUKAS P N, 2014b. Taking the pulse of the real economy using financial statement analysis: implications for macro forecasting and stock valuation[J].The accounting review,89(2):669-694.

LOVE I, PREVE L A, SARRIA-ALLENDE V, 2007. Trade credit and bank credit: evidence from recent financial crises[J]. Journal of financial economics, 83(2): 453-469.

PATATOUKAS P N, 2014. Detecting news in aggregate accounting earnings: implications for stock market valuation[J].Review of accounting studies,19(1):134-160.

PETERSEN M A, RAJAN R G,1997. Trade credit: theories and evidence[J].The review of financial studies,10(3):661-691.

ROUXELIN F, WONGSUNWAI W, YEHUDA N, 2018. Aggregate cost stickiness in GAAP financial statements and future unemployment rate[J].The accounting review, 93(3):299-325.

SHIVAKUMAR L, 2007. Aggregate earnings, stock market returns and macroeconomic activity: a discussion of "Does earnings guidance affect market returns? the nature and information content of aggregate earnings guidance"[J].Journal of accounting and economics,44(1/2):64-73.

SHIVAKUMAR L, URCAN O, 2017. Why does aggregate earnings growth reflect information about future inflation? [J].The accounting review,92(6):247-276.

SMITH J K, 1987. Trade credit and informational asymmetry[J]. The journal of finance,42(4):863-872.

SOLIMAN M T, 2008. The use of DuPont analysis by market participants[J].The accounting review, 83(3):823-853.

WU W, FIRTH M, RUI O M, 2014.Trust and the provision of trade credit[J].Journal of banking and finance,39:146-159.

董事网络联结与政府补助获得

梁上坤　曹　伟　闫珍丽[*]

摘　要　本文立足董事网络联结这一社会资本视角,考察其对公司政府补助获得的影响。本文以2004—2017年中国A股上市公司为样本,研究显示:(1)董事网络联结密度越大,公司的政府补助获得水平越高;(2)区分公司的产权性质后,这一促进作用主要存在于非国有企业,在国有企业中并不显著;(3)区分公司所在地的政府干预强度后,这一促进作用主要存在于政府干预强的地区,在政府干预弱的地区并不显著;(4)独立董事网络联结与非独立董事网络联结对于公司获得政府补助均具有正向影响,此外董事网络联结对于公司获得政府补助的概率与水平均具有促进作用。本文的发现不仅拓展了政府补助获得影响因素的研究,推进了董事网络特征影响公司价值的路径研究,而且也为公司构建社会网络与政府完善政策制度提供了一定的启示。

关键词　董事网络联结　政府补助　产权性质　政府干预

Board Network Ties and Government Subsidies Acquistion

SHANGKUN LIANG　WEI CAO　ZHENLI YAN

Abstract　From the perspective of social capital, we examine the influence of board network ties on a firm's ability to obtain government subsidies. Using A-share listed firms from 2004–2017 as the sample, we find that: (1) the greater the density of board network ties, the more government subsidies the firm attains; (2) in the aspect of ownership of the firm, the facilitation effect mainly exists in non-state-owned firms but does not exist in state-owned

---

[*] 梁上坤,中央财经大学会计学院;曹伟,中国海洋大学管理学院、中国企业营运资金管理研究中心;闫珍丽,上海对外经贸大学会计学院。通信作者:梁上坤;地址:北京市海淀区学院南路39号;邮编:100081;E-mail:Liang_sk@126.com。本文系国家自然科学基金面上项目(71872196)、国家自然科学基金青年项目(71402318)、国家社会科学基金青年项目(18CJY025)、上海市哲学社会科学规划青年项目(2020EJB014)的阶段性成果,感谢中央财经大学科研创新团队计划的资助;感谢编辑部与匿名审稿人的宝贵意见。当然,文责自负。

firms; (3) in the aspect of the degree of government intervention in the areas where the firm is located, the facilitation effect mainly exists in areas with strong government intervention but does not exist in areas with weak government intervention; (4) both the network ties of non-independent directors and independent directors have a positive impact on government subsidies acquistion. In addition, board network ties promote the probability and the level of the firm's government subsidies acquistion. This paper enriches the studies of the determinants of government subsidies acquistion, and advances the research on the path that the characteristics of board network promote the value of the firm. In addition, it also provides some enlightenment for the construction of corporate social network and the improvement of policies and institutions.

Key words Board Network Ties; Government Subsidies; Ownership; Government Intervention

一、引 言

政府补助是转型与新兴经济国家干预资源配置、实现政府目标的重要手段。CSMAR数据库统计显示,从2004年至2017年我国上市公司累计收到各级政府发放的各类补助总额逾10 814亿元人民币,补助内容涵盖生产扶持、税收返还、贷款贴息、知识产权、社保就业、节能减排等各个方面。鉴于政府补助对于企业发展与资本市场的重要影响,其分配机制与分配效率一直是实务界和理论界关注的焦点。

在中国社会转型期间,关系活跃于社会的各领域(梁玉成,2012)。以往文献发现有政治关联背景的民营企业在获取政府补助方面具有明显优势(Faccio et al.,2006;陈冬华,2003;潘越等,2009;余明桂等,2010)。然而,政治关联仅仅是企业社会关系网络中的一部分。为获取更多的政府补助,企业可能会调动其全方位的资源和关联。董事作为企业战略与经营决策的制定者,其社会资本至关重要(赵晶等,2014;梁上坤等,2015)。陈仕华和李维安(2011)认为,董事的社会资本产生于他们所处的社会网络,其价值体现于促成企业获取更多的有效资源和收益。董事网络中的社会资本包括信息、知识、社会声望等,同时在不同的网络位置下,董事所拥有的社会资本亦有差异(Granovetter,1973;陈运森和谢德仁,2012)。那么,这一由董事通过网络联结形成的社会资本在企业与政府的互动(即政府补助获取)中是否存在影响呢?本文对此问题进行了考察。具体地,本文提出并尝试探索以下两方面的问题:第一,总体上董事网络联结是否有利于企业获得政府补助？第二，在不同类型的企业与地区，如国有企业与非国有企业、政府干预强度不同的地区中，董事网络联结发挥的作用是否一致？这两方面的探索对于董事网络联结形成的社会资本的作用认识以及政府补助发放的实践完善都具有重要的启发意义。

以我国 2004—2017 年 A 股上市公司为样本，本文围绕上述问题展开研究。研究结果显示：董事网络联结密度越大，公司获得的政府补助越多。本文还区分了公司的产权性质与所在地区的政府干预强度，发现这一促进作用主要存在于非国有企业与政府干预强的地区，在国有企业及政府干预弱的地区不存在显著作用。此外，独立董事网络联结与非独立董事网络联结对于公司获得政府补助均具有正向影响，且董事网络联结对于公司获得政府补助的概率与水平均具有促进作用。上述发现意味着，董事网络关系是公司重要的社会资本，有助于公司获取资源。

本文有以下两方面的贡献：第一，丰富了董事网络特征与企业资源和收益获得方面的相关文献。已有研究显示董事网络关系有利于企业获得债务融资、促进并购交易达成、提高股票回报与改善企业长期绩效等（Cai and Sevilir，2009；Larcker et al.，2010；陈仕华等，2013；万良勇和郑小玲，2014；王营和曹廷求，2014），而本文显示董事网络还有助于企业获得政府补助。因此，本文从企业外部的政府视角为董事网络有利于企业资源获取的理论增添了证据支持，也为董事网络联结与企业价值正向关系的已有发现补充了一条政府补助角度的路径解释。第二，拓展了关于政府补助影响因素的研究。以往文献从政治关联、产权性质、市场化程度及产业政策等方面探究了企业在获得政府补助方面受到的影响（潘越等，2009；余明桂等，2010；孔东民等，2013；钱爱民等，2015；王克敏等，2017）。然而，董事网络关系作为企业重要的、范围广泛的社会资本，是否有利于其与政府的互动（即作用于政府资源的分配），并未有研究直接关注。本文以董事网络联结为切入点，对此问题展开了研究，并结合企业特征、地区特征进行了较为系统的探讨，从而推动了社会资本视角的政府补助影响因素研究。

此外，本文的发现还具有一定的现实启示。本文发现在不成熟的正式制度环境下，董事网络联结起到一定的替代作用。由此，企业应当适当地构建社会网络关系，发挥网络联结的声誉效应、信息和知识优势，推动企业价值提升。同时，本文的发现也提示政府部门应完善法律法规、提升信息透明度与加强信息交流，营造良好有序的营商环境，推动企业健康发展。

二、文献回顾、理论分析与假设发展

(一) 文献回顾

1. 社会资本

社会资本具有社会性和实用性,并有多种获取方式(Lin,2002)。政企关联是以往学者关注较多的社会资本。Faccio et al.(2006)对35个国家中有政治关联的公司进行研究,发现公司高管的政治背景在获得政府补助的可能性和金额大小方面有着重大影响。尤其在政府管制较严格的发展中国家,拥有政府背景的董事或管理层使企业更容易获得政府补助、债务融资以及享受更低的税率等(陈冬华,2003;Johnson and Mitton,2003;Faccio,2006;Adhikari et al.,2006)。此外,当企业处于财务困境时,拥有政治关联的民营企业在获取政府补助方面具有明显优势(潘越等,2009;余明桂等,2010)。

除政企关联外,社会资本的获取还有其他方式,比如校友关系、同乡关系、血缘关系等。校友关系方面,Cohen et.al.(2010)考察了卖方分析师的校友关系网络对收集公司高管信息能力的影响。研究发现分析师与公司管理层之间的校友关系将为其带来比较信息优势,他们给出的股票投资建议能带来显著的溢价效应,好于市场预期。基金经理的校友关系网络也对其基金业绩有着正向的提升作用(申宇等,2016)。申宇等(2017)还发现高管的校友关系可以缓解融资约束和加强信息共享,进而显著促进企业的创新活动。同乡关系方面,乡情观念自古有之,代代传承中它已内化为一种心理情结。高度的社会认同与规模效应,使同乡关系在构建社会资本方面具有明显优势(马红光,2017)。李维安和孙林(2017)将地方岗位官员和地方国有企业负责人的同乡关系引入公司治理领域,发现同乡关系加剧了地方国有企业的政策性负担,国有企业经营目标"行政化"更加突出。刘春等(2015)剖析了异地独立董事在目标公司所在地的社会资本,能够帮助主并公司突破异地并购障碍从而提高异地并购成功率和效率,验证了地缘关系的优势。血缘关系方面,家族企业是血缘关系的直接体现(Weber,1958)。无论是发达国家还是发展中国家,家族企业都是经济中的重要组成部分。费孝通(1948)提出"差序格局"概念来说明中国传统的社会关系,认为中国的人事关系是以亲属关系为主轴的网络关系,处事方式因血缘上的亲疏和交往上的生熟而明显有别。因此,血缘关系在中国社会与企业中具有巨大的影响(赵宜一和吕长江,2017;朱晓文和吕长江,2019;吴超鹏等,2019)。

2. 董事网络联结

根据社会网络理论,任何一个行动主体的决策行为和能力都受到其所处社会网络的影响(Granovetter,1985;Uzzi,1999)。边燕杰和丘海雄(2000)指出,企业并非孤立的行动主体,而是与经济领域各方面产生联系的社会网络上的纽结。社会资本就是指通过这些联系获取稀缺资源的能力。Lin(2002)进一步提出社会资本结构性约束的概念,即社会网络中的行动主体处于不同的特定位置,资源的获取和使用能力也不同。Barnea and Guedj(2009)从社会网络视角开启了董事治理行为的研究。Adams and Ferreira(2007)、Duchin et al.(2010)指出,信息、知识、声望等社会资本是影响董事发挥治理效力的重要途径。

董事网络联结具体通过三个方面的机制影响公司治理:第一,声誉激励机制。声誉源于镶嵌于董事网络的社会声望。Lin(2002)认为社会声望具有明显的符号效用,行动者即使不能使用或动员镶嵌于社会网络的资源,但其符号效用可以让别人知道自己所拥有的社会资本,从而改善自身的社会地位和声望。因此,拥有高密度董事网络联结的董事能获得更高的社会声望。同时,处于董事网络中心位置的董事更在乎精英成员对自己的认同程度,其治理不力也将遭到监管机构惩罚和社会谴责等,导致个人社会资本遭受巨大损失(陈运森,2012)。因此,出于自身声誉的考虑,处于董事网络中心位置的董事将会更积极地参与到公司治理事务中。

第二,信息传递机制。兼职较多的董事具有良好的企业信息传递作用(Ferris et al.,2003)。董事的社会资本产生于他们所处的社会网络,其价值体现于促成公司获取更多的有效资源和收益(陈仕华和李维安,2011)。拥有丰富网络关系和独特网络结构位置的优势有利于董事获取更丰富、更及时的知识与信息;进一步地,学习效应还可以加深董事网络间的信息传播(Kang and Tan,2008)。因而,处于网络中心位置的社会关系能够为董事个人进而为其供职的企业提供充足的有利于决策的信息。

第三,知识辅助机制。上市公司聘请的独立董事中院校的专家教授占比较大,他们拥有丰富的理论知识,而对非独立董事来说,积累的实务经验是他们的优势所在,两者的有效结合有利于公司做出更优决策。Hillman and Dalziel(2003)发现不同董事个人知识和经验的差异对董事会治理效率有显著影响。Faleye et al.(2011)根据董事的监管经验和专业知识将董事分为监督董事和咨询董事,发现专业知识和经验作为董事社会资本的重要组成部分,是影响董事监督和咨询职能发挥的关键因素。此外,咨询董事的专业知识和经验对CEO制定战略决策最有价值(Faleye et al.,2013)。当董事处于网络中心位置时,他们与其他董事的联结更密集,位置上的优势使他们能够获得与信息披露相关的更多的专业知识。复杂信息的获取具有一定的门槛,当涉及复杂的信息披露时,知识优势更能被凸显出来(陈运森,2012)。同时,处于网络中心位置的董事一般也是自身领域非常优秀的人士,他们除了拥有知识优势,对知识的运用能力也较高,故这类董事的存在可以提高公司决策的知识完备性。

3. 政府补助

以往文献从政治关联、产权性质、市场化程度及产业政策等方面探究企业获得政府补助受到的影响(潘越等,2009;余明桂等,2010;孔东民等,2013;钱爱民等,2015;王克敏等,2017)。产权性质对企业获得政府补助有着显著影响。由于政府肩负着社会保障的责任,如就业、公共管理支出和经济发展等,这些目标多被直接转嫁至当地国有企业,导致国有企业必须牺牲部分自身经济利益而承担起政府责任(王跃堂等,2010),因此当地政府会通过财政途径对国有企业因承担社会责任而造成的损失给予补贴,使得国有企业相对于民营企业更容易获得政府补助。许罡等(2012)从财政分权角度对政府补助进行考察,发现地区财政分权程度越高,当地国有企业获得的政府补助越多,而非国有企业获得的政府补助越少。另外,在市场化程度较低的地区,政府干预企业经营的动机更强,因此政府补助这一工具会被政府广泛地采用(张天舒等,2014)。在治理结构上,独立董事本地任职有利于发挥其社会资本的资源竞争优势,能够提高上市公司获得政府补助的概率和水平(刘中燕和周泽将,2016)。

以往关于社会资本对企业获得政府补助影响的研究主要关注政治关联,然而政治关联仅仅是企业社会关系网络的一部分。为了争取政府补助,企业可能会调动其全方位的资源和关联。董事网络关系作为企业重要的、综合性的社会资本来源,对企业获得政府补助是否存在影响,目前还鲜有学者进行研究。本文以董事网络联结为切入点,就此问题展开讨论。

(二)理论分析与假设发展

政府补助属于政府支出的重要部分,是政府干预经济的直接手段之一。在一定时期,基于特定目的,政府根据相关政治、经济的方针和政策,常以财政拨款、财政贴息、税收返还和无偿划拨非货币性资产等形式给予企业补助,是政府对企业无偿的资产转移。中国的财政分权改革使地方政府拥有较强的经济自主权及财政支出支配权。同时,大部分政府补助项目既没有明确的法律和制度约束,也没有限制具体的发放对象,因此地方政府在决定向哪些企业提供政府补助时拥有较大的自由裁量权。

利用网络关系形成的声誉、信息和知识等社会资本是董事帮助公司谋取资源的重要机制。首先,连锁董事在社会网络中的声誉在公司获得政府补助方面可能发挥促进作用。政府在拟定获得补助的企业名单时,不可能事前完全了解企业的生产技术、产品市场、盈利能力、就业机会创造和潜在纳税能力等信息。在这一信息不对称的背景下,企业及企业重要成员的声誉可能成为一种良好的信号。比如以往文献指出,企业拥有政治关联可能被视为有良好发展前景和社会贡献的一种信号,因而会比无政治关联的企业获得更多的财政补贴(Cull and Xu,2005;Li et al.,2008)。Lin(2002)指出,社会关系资源被组织或代理人视作个体社会责任的证明,反映个体通过社会网络获取资源的能力。公司的董事网络联结密度越大,意味着公司董事的个人声誉越好,社会声望越高,并且声望具有符号作用。在董事网络中,董事个人身份背后的关系也能为组织提供保障。拥有较强董事网络联结的公司一般被默认为具有广泛的社会影响力,是有效的社会信用证明(梁上坤等,2018)。在政府拟定发放补助企业名单时,上述两方面的作用使得处于重要位置的董事即使不实际动用社会网络中的资源,也由于信号作用而更容易受到政府关注和信任,从而有利于公司获得政府补助。

其次,董事网络还有利于资本市场中的信息传递。企业只有符合政府补助政策的规定,才有资格申请政府补助。而复杂信息的获得具有一定的门槛,一方面公司自身消息闭塞、缺乏信息来源;另一方面部分政府的信息不够公开、透明度较低,这都可能影响公司获得政府补助。比如,信息渠道较少的中小企业难以参与扶持政策申报,无法有效行使自己的权利。Schoorman et al.(1981)指出,董事网络能够提高企业和相关利益者之间的沟通与互动,从而缓解信息不对称。董事通过社会网络易于形成有益的商业联系,如顾客、供应商以及官员联系等,从而处于董事网络中心位置的董事拥有丰富的关于行业趋势、市场形势和政策变化等方面的信息。公司充分与及时地获取各类信息,会使其在决策时占据优势,从而有利于补助资源的获得。

最后,连锁董事丰富的专业知识也利于社会网络联结密度高的企业获得政府补助。由于连锁董事对政策的研究和理解更加透彻,对已知信息的理解和运用更加到位,因此其任职企业更可能有针对性的发展。例如在独立董事类型对公司治理影响方面,赵昌文等(2008)、邱兆祥和史明坤(2012)、全怡和陈冬华(2017)分别考察法律背景独立董事对企业经营绩效、企业价值以及在抑制高管犯罪、防范企业风险等方面的作用。韩忠雪等(2014)、胡元木和纪端(2017)则分别从技术型高管、技术型董事两个视角考察他们对企业研发创新的影响。因此,连锁董事丰富的专业知识可能会使企业更容易符合政府补助政策的规定,从而获得政府补助。特别是当企业欲获得政府补助但暂时无法满足政府补助申请条件时,处于社会网络中心位置的董事能够发挥自身足够的专业胜任能力及充分的知识储备,帮助企业提高获得政府补助的概率。[1]

基于以上分析,本文提出假设1:

假设1 董事网络联结密度越大,公司获得政府补助的水平越高。

从企业的差异来看,董事网络联结的作用可能会因企业产权性质不同而使企业获得的政府补助存在差异。对于国有企业,政府与国有企业具有"天然的联结",且国有企业承担了政府的多重职责,因此一旦国有企业发生亏损,政府常常会通过提供贷款、减免税收和提供财政补贴等方式进行援助。而对于非国有企业,由于正式制度尚待完善,社会网络关系被其放在更加重要的位置,并为建立关系投入更多资源,这是非国有企业采取的一种对市场不完善的替代保护机制(Xin and Pearce,1996)。这一差异会影响到董事网络联结与政府补助获得的关系。

在非国有企业中,董事网络联结对于政府补助获得可能起到更大的作用。首先,政府补助的目的主要是促进产业升级,支持企业发展,并为本地创造较好的就业环境,因而那些更有发展能力或潜力的企业更容易获得政府的认可。相比于国有企业,政府更难了解非国有企业实际的生产技术、产品市场和盈利能力,因而政府在封闭的评审系统中拟定获取补助的企业名单时,可能更加信任及青睐拥有较高董事声望的非国有企业,愿意给予其更多的支持。其次,某些发放财政补贴的文件可能表述为"内网公开"性质。在这种情况下,相对于国有企业,非国有企业在信息获取方面处于劣势。所以,非国有企业会更重视开拓和维护自身的社会资本,从而通过董事网络中与顾客、供应商及官员等的商业联系以及和校友、同乡等的人情关系,弥补自身在政策及行业信息获取上的不

---

[1] 同时,本文也考虑了"地域属性"问题可能产生的影响,并认为这一影响可能限于一定范围。原因在于:一方面,企业和个人的声誉机制随着地域差异或地理距离远近发生变化的可能性较小。特别是在信息高速传播的当下,互联网的瞬时性和有效性使得空间邻近优势减弱(Bakis and Lu,2000)。同时,连锁董事丰富的专业知识受到地理距离变化的影响也较小;甚至处于董事网络外部位置的董事也更有可能将高水平的公司治理经验、政府补助成功申请的案例引入公司。

足。最后,处于董事网络中心位置的董事的专业胜任能力及知识储备往往也胜人一筹,他们能够对相关政策理解和运用得更到位。而对于缺乏"天然联结"的非国有企业,这一认知可能发挥更为重要的作用。因此,在非国有企业中,董事网络联结对于政府补助获得的作用可能更大。

基于以上分析,本文提出假设2:

假设2 相对于国有企业,非国有企业中董事网络联结对于政府补助获得的作用更大。

从地区角度来看,董事网络联结的作用可能会因地区制度环境的不同而使企业获得政府补助存在差异。资源禀赋、地理位置和国家政策等方面的差异使我国不同地区的市场化程度存在较大差异,政府干预强度就是其中的重要表现。市场化程度越低,出于政治晋升等目标,地方政府干预经济的意愿和能力就越强,在政府补助、税收优惠等方面拥有越大的自由支配权。相对于政府干预较弱的地区,在政府干预较强的地区,社会资本薄弱的公司更容易被政府忽视,而社会资本雄厚的公司更易得到地方政府的庇护,即董事网络联结大的公司可能获得更多的政府补助。由此,在政府干预强的地区,董事网络联结对于政府补助获得的作用可能更大。

基于以上分析,本文提出假设3:

假设3 相对于政府干预弱的地区,政府干预强的地区的董事网络联结对于政府补助获得的作用更大。

三、研究设计

(一)模型构建与变量定义

借鉴 Faccio et al.(2006)、步丹璐和狄灵瑜(2017)等构建回归模型(1),检验本文的假设1。模型(1)如下:

$$\text{Subsidy}_t = a_0 + a_1 \text{Network}_t + \sum \text{Control}_t + \sum \text{Year}_t + \sum \text{Industry}_t + \varepsilon \tag{1}$$

1. 被解释变量

Subsidy_t 表示政府补助,为公司当年获得的政府补助与年末资产总额的比值。为减轻内生性问题的干扰,稳健性测试中使用第 $t+1$ 期的数值。

2. 解释变量

Network 表示董事网络联结,用董事网络联结密度衡量,具体为将单个公司董事视作一个统计节点,董事之间通过在同一公司与不同公司任职的连锁董事形成的直接或间接的联结关系。借鉴陈运森和谢德仁(2012)的方法,本文以程度中心度、中介中心度和接近中心度三个标准网络中心度衡量董事网络特征。首先,收集沪深两市上市公司所有董事的个人资料,分年度整理成矩阵函数形式,计算出每个董事的程度中心度、中介中心度和接近中心度;随后,以公司为单位计算网络中心度,得到公司董事会层面的董事网络联结的具体指标(各董事指标的均值);为了消除各中心度指标量纲的差异以及极端值对指标量化的可能影响,同时突出每个中心度指标的特质(Larcker et al.,2010),接下来对三个网络中心度指标分年度排序,分成 10 组,赋值 0—0.9;最后,对三个排序指标进行平均,得出综合指标即为董事网络联结密度(陈运森和谢德仁,2012;谢德仁和陈运森,2012)。

3. 控制变量

Control 表示控制变量,具体指标及其衡量方法详见表 1,这里不再赘述。

为检验本文的假设 2 和假设 3,构建回归模型(2)为:

$$Subsidy_t = \beta_0 + \beta_1 Network_t + \beta_2 Network_t \times Condi_t + \beta_3 Condi_t + \sum Control_t + \sum Year_t + \sum Industry_t + \varepsilon \qquad (2)$$

其中,Condi 为考察变量,具体包括 Pri、Hinter。Pri 表示产权性质,若公司为非国有企业,则 Pri 取值为 1,否则取值为 0;Hinter 表示政府干预强度,若公司所在地市场化指数的分指标——政府干预指数高于或等于中位数,则 Hinter 取值为 1,否则取值为 0。[2]

若假设 1 成立,则模型(1)中董事网络联结(Network)的系数 a_1 应该显著为正,即董事网络联结有助于公司获得政府补助。若假设 2 成立,则模型(2)中董事网络联结与公司产权性质交互项(Network×Pri)的系数 β_2 应该显著为正。若假设 3 成立,则模型(2)中董事网络联结与政府干预强度交互项(Network×Hinter)的系数 β_2 应该显著为正。表 1 是本文主要变量的定义和说明。本文对连续变量进行了 1% 和 99% 的缩尾处理,以减轻极端值对结果可能的影响。

---

[2] 市场化指数及其分指标——政府干预指数均取自王小鲁等(2017)。

表 1 主要变量的定义和说明

变量类型	变量名称	变量符号	变量说明
被解释变量	政府补助	Subsidy	公司当年获得的政府补助与年末资产总额的比值
解释变量	董事网络联结	Network	公司当年董事网络联结密度
控制变量	公司规模	Size	公司年末资产总额的自然对数
	财务杠杆	Lev	公司年末负债总额与年末资产总额的比值
	盈利水平	Roa	公司当年营业利润与年末资产总额的比值
	成长性	Growth	公司当年营业收入相比上一年营业收入的增长率
	公司年龄	Age	公司的上市年限
	第一大股东持股比例	Lsr	公司年末第一大股东持股数占公司总股数的比例
	两职合一	Itf	虚拟变量,若董事长、总经理两职合一取值为1,否则取值为0
	管理层持股比例	Msr	公司年末管理层持股数占公司总股数的比例
	市场化水平	Index	公司所在地当年的市场化指数
	年份虚拟变量	Year	属于本年份取值为1,否则取值为0
	行业虚拟变量	Industry	属于本行业取值为1,否则取值为0

(二) 样本选取与数据来源

我国上市公司年报从 2004 年开始较为详细地披露高管的个人特征和相关信息,因此本文样本期为 2004—2017 年。本文从公司财务年报中收集公司获得政府补助的信息,得到初始观测值 30 049 个。随后,依次进行如下处理:(1)为减轻 IPO 伴随的盈余管理的影响,剔除上市不满两年的观测值 4 180 个;(2)剔除金融行业的观测值 849 个;(3)剔除其他数据缺失的观测值 1 663 个,最终得到 23 357 个观测值用于实证分析。本文的财务数据、治理数据以及董事信息均来自 CSMAR 数据库和 CCER 数据库,使用社会网络分析软件 Pajek 计算董事网络联结密度。

四、实证分析与结果

(一) 描述性统计与相关性分析

表 2 Panel A 报告了主要变量的描述性统计结果。可以发现,政府补助 (Subsidy)的均值为 0.004,25% 分位数为 0.000,75% 分位数为 0.005,标准差

为 0.007，表明不同公司获得的政府补助存在较大差异[3]。董事网络联结（Network）的均值、中位数分别为 0.449、0.467。此外，盈利水平（Roa）的均值、中位数分别为 0.035、0.032，表明样本公司的总体经营状况良好；公司年龄（Age）的均值为 10.231、第一大股东持股比例（Lsr）的均值为 35.8%、管理层持股比例（Msr）的均值为 3.0%，这些变量的统计值均在合理区间内。Panel B 是主要变量的相关系数矩阵。可以发现，政府补助（Subsidy）与董事网络联结（Network）的相关系数为负但不显著，需要做进一步的多元回归检验。同时，其余变量之间相关系数的绝对值基本在 0.4 之内，方差膨胀因子值均低于 5，表明回归模型不存在严重的多重共线性问题。

表 2　描述性统计与相关性分析

Panel A：主要变量的描述性统计

变量	观测数	均值	25%分位数	中位数	75%分位数	标准差
Subsidy	23 357	0.004	0.000	0.002	0.005	0.007
Network	23 357	0.449	0.233	0.467	0.667	0.268
Size	23 357	21.960	21.052	21.802	22.691	1.287
Lev	23 357	0.478	0.322	0.486	0.633	0.205
Roa	23 357	0.035	0.009	0.032	0.065	0.064
Growth	23 357	0.231	−0.023	0.121	0.300	0.639
Age	23 357	10.231	5.000	10.000	15.000	5.698
Lsr	23 357	0.358	0.237	0.337	0.469	0.155
Itf	23 357	0.165	0.000	0.000	0.000	0.371
Msr	23 357	0.030	0.000	0.000	0.001	0.091
Index	23 357	7.662	6.360	7.800	9.350	1.848

Panel B：主要变量的相关系数矩阵

变量	(A)	(B)	(C)	(D)	(E)	(F)	(G)	(H)	(I)	(J)	(K)
(A) Subsidy	1.000										
(B) Network	−0.001	1.000									
(C) Size	−0.094***	0.234***	1.000								
(D) Lev	−0.067***	0.084***	0.351***	1.000							
(E) Roa	−0.083***	0.073***	0.132***	−0.350***	1.000						

---

[3] 部分企业的政府补助水平非常低但不为 0，而描述性统计由于仅保留三位小数，因此政府补助 25%分位数显示的数值为 0.000，但实际为 0.0002。

续表

变量	(A)	(B)	(C)	(D)	(E)	(F)	(G)	(H)	(I)	(J)	(K)
(F)Growth	−0.027***	0.011	0.050***	0.052***	0.184***	1.000					
(G)Age	−0.057***	0.079***	0.230***	0.241***	−0.094***	0.001	1.000				
(H)Lsr	−0.031***	0.057***	0.225***	0.051***	0.134***	0.035***	−0.096***	1.000			
(I)Itf	0.034***	−0.059***	0.088***	−0.117***	0.020**	0.008	−0.136***	−0.069***	1.000		
(J)Msr	0.071***	−0.060***	0.111***	−0.224***	0.086***	0.020**	−0.317***	−0.077***	0.426***	1.000	
(K)Index	−0.031***	0.111***	0.048***	−0.097***	0.093***	−0.010	−0.052***	0.002	0.096***	0.140***	1.000

注:*、**和***分别表示在10%、5%、1%的统计水平上显著。

(二) 假设检验

1. 董事网络联结与公司政府补助

表3报告了假设1的检验结果。[4] 被解释变量为政府补助(Subsidy),解释变量为董事网络联结(Network)。回归按公司进行聚类回归(Cluster),控制行业效应(Industry)和年份效应(Year),并报告经聚类稳健标准误调整的 t 值,以提高回归结果的稳健性。第(1)列仅纳入控制变量,检验结果显示公司规模(Size)、盈利水平(Roa)、公司年龄(Age)的系数均显著为负,表明随着公司规模、盈利水平和公司年龄的增长,公司获得的政府补助趋于下降,这与罗党论和唐清泉(2009)、潘越等(2009)及余明桂等(2010)的发现一致。第(2)列同时纳入控制变量与解释变量,检验结果显示,在考虑控制变量的基础上,董事网络联结(Network)的系数为正且在1%的统计水平上显著,这表明董事网络联结密度越大,公司获得的政府补助水平越高。上述结果支持了假设1。

表3 董事网络联结与公司政府补助

变量	Subsidy	
	(1)	(2)
Network		0.099***
		(3.17)
Size	−0.033***	−0.038***
	(−3.67)	(−4.08)
Lev	−0.073	−0.073
	(−1.42)	(−1.43)

---

4 为避免回归系数过小,后续回归中政府补助(Subsidy)取百分数。

续表

变量	Subsidy	
	(1)	(2)
Roa	−0.888***	−0.903***
	(−5.11)	(−5.18)
Growth	0.007	0.008
	(0.85)	(0.87)
Age	−0.003*	−0.003*
	(−1.81)	(−1.91)
Lsr	−0.005	−0.003
	(−0.08)	(−0.05)
Itf	−0.010	−0.008
	(−0.42)	(−0.33)
Msr	0.220*	0.224**
	(1.94)	(1.97)
Index	0.003	0.001
	(0.50)	(0.23)
常数项	1.197***	1.277***
	(6.00)	(6.26)
Year 和 Industry	控制	控制
观测值	23 357	23 357
R^2	0.103	0.105

注：括号中为 t 值；*、**和***分别表示在10%、5%、1%的统计水平上显著。

2. 董事网络联结、产权性质与公司政府补助

表4报告了假设2的检验结果。首先，按照企业终极控制人的产权性质将全样本划分为非国有企业组与国有企业组，并进行分组检验。结果显示，第(1)列非国有企业组中董事网络联结(Network)的系数为正且在1%的统计水平上显著，第(2)列国有企业组中董事网络联结(Network)的系数为正但不显著。随后，使用模型(2)进行全样本检验。结果显示，第(3)列中董事网络联结(Network)的系数为正但不显著，而董事网络联结与产权性质交互项(Network×Pri)的系数为正且在1%的统计水平上显著。这些结果表明，董事网络联结对获得政府补助的增强作用主要存在于非国有企业，而在国有企业中不存在显著影响。这一结果支持了假设2。

表 4 董事网络联结、产权性质与公司政府补助

变量	Subsidy		
	(1)非国有企业	(2)国有企业	(3)全样本
Network	0.157***	0.032	0.003
	(4.04)	(0.67)	(0.06)
Network×Pri			0.177***
			(2.94)
Pri			−0.126***
			(−3.73)
Size	−0.025*	−0.049***	−0.040***
	(−1.90)	(−3.72)	(−4.19)
Lev	−0.048	−0.135*	−0.074
	(−0.70)	(−1.83)	(−1.44)
Roa	−0.273	−1.585***	−0.880***
	(−1.52)	(−5.53)	(−5.11)
Growth	−0.007	0.033**	0.009
	(−0.82)	(2.07)	(1.09)
Age	−0.004*	−0.005*	−0.004**
	(−1.95)	(−1.75)	(−2.47)
Lsr	0.033	−0.067	−0.033
	(0.41)	(−0.76)	(−0.53)
Itf	−0.003	0.011	−0.003
	(−0.10)	(0.30)	(−0.14)
Msr	0.224*	1.319	0.250**
	(1.94)	(1.30)	(2.20)
Index	−0.003	0.013	0.003
	(−0.50)	(1.48)	(0.61)
常数项	0.847***	1.656***	1.383***
	(3.28)	(5.50)	(6.49)
Year 和 Industry	控制	控制	控制
观测值	11 260	12 097	23 357
R^2	0.130	0.105	0.106

注:括号中为 t 值;*、**和***分别表示在10%、5%、1%的统计水平上显著。

3. 董事网络联结、政府干预强度与公司政府补助

表 5 报告了假设 3 的检验结果。对于政府干预强度，首先按照政府干预强度将全样本划分为政府干预强地区组与政府干预弱地区组，并进行分组检验。结果显示，第(1)列政府干预强地区组中董事网络联结(Network)的系数为正且在 1% 的统计水平上显著，第(2)列政府干预弱地区组中董事网络联结(Network)的系数为正但不显著。随后，使用模型(2)进行全样本检验。结果显示，第(3)列全样本中董事网络联结(Network)的系数为正但不显著，而董事网络联结与政府干预强度交互项(Network×Hinter)的系数为正且在 1% 的统计水平上显著。这些结果表明，董事网络联结对获得政府补助的增强作用主要存在于政府干预强地区的公司，而在政府干预弱地区的公司中不存在显著影响。这一结果支持了假设 3。

表 5 董事网络联结、政府干预强度与公司政府补助

变量	Subsidy		
	(1)政府干预强地区	(2)政府干预弱地区	(3)全样本
Network	0.184***	0.004	0.003
	(3.96)	(0.11)	(0.08)
Network×Hinter			0.195***
			(3.61)
Hinter			−0.083**
			(−2.43)
Size	−0.029**	−0.046***	−0.038***
	(−2.05)	(−4.08)	(−4.05)
Lev	−0.095	−0.055	−0.074
	(−1.35)	(−0.78)	(−1.45)
Roa	−0.903***	−0.903***	−0.901***
	(−3.60)	(−4.26)	(−5.18)
Growth	0.001	0.013	0.008
	(0.05)	(1.00)	(0.91)
Age	−0.004*	−0.003	−0.003**
	(−1.84)	(−1.37)	(−2.00)
Lsr	−0.075	0.058	−0.001
	(−0.86)	(0.74)	(−0.02)

续表

变量	Subsidy		
	(1)政府干预强地区	(2)政府干预弱地区	(3)全样本
Itf	−0.025	0.024	−0.006
	(−0.84)	(0.78)	(−0.24)
Msr	0.216	0.273	0.226**
	(1.64)	(1.44)	(2.00)
Index	0.003	0.000	0.000
	(0.19)	(0.04)	(0.06)
常数项	1.215***	1.408***	1.308***
	(3.17)	(6.16)	(6.40)
Year 和 Industry	控制	控制	控制
观测值	11 253	12 104	23 357
R^2	0.110	0.110	0.106

注:括号中为 t 值,*、**和***分别表示在10%、5%、1%的统计水平上显著。

(三)进一步分析

1. 独立董事网络联结、非独立董事网络联结与公司政府补助

之前的研究将公司董事视为同质,然而不同董事的身份、地位存在差异,从而其建立的网络联结发挥的作用可能存在差异。一方面,陈运森和谢德仁(2011)指出,较公司内部董事而言,独立董事在外兼任更多,网络特征相对明显,且独立董事与公司管理层之间属于弱联结关系,相较于内部董事与公司管理层之间的强联结关系,更容易发挥信息和资源的桥梁作用。因此,独立董事网络联结相较于非独立董事网络联结发挥的作用可能更大。另一方面,相比于独立董事,非独立董事在公司决策中往往拥有更强的动力和更大的权力,引入有利于公司发展资源的动机更强,其意愿也更容易实现。因此,非独立董事网络联结相较于独立董事网络联结发挥的作用可能更大。对于以上争论,我们将进行实证检验。定义变量 Network_I、Network_NI,分别表示独立董事网络联结与非独立董事网络联结,两者的计算方法与董事网络联结类似。

表6报告了检验结果。第(1)列单独针对独立董事网络联结展开检验,结果显示,独立董事网络联结(Network_I)的系数为正,且在1%的统计水平上显著。第(2)列单独针对非独立董事网络联结展开检验,结果显示非独立董事网络联结(Network_NI)的系数为正,且在1%的统计水平上显著。第(3)列同时

包括独立董事网络联结与非独立董事网络联结,结果显示独立董事网络联结(Network_I)与非独立董事网络联结(Network_NI)的系数均为正,且均在5%的统计水平上显著。[5] 以上结果表明,无论是独立董事网络联结还是非独立董事网络联结对公司获得政府补助均存在显著的正向影响。

表6 独立董事网络联结、非独立董事网络联结与公司政府补助

变量	Subsidy		
	(1)	(2)	(3)
Network_I	0.085***		0.069**
	(2.82)		(2.22)
Network_NI		0.078***	0.061**
		(2.67)	(2.02)
Size	−0.036***	−0.038***	−0.039***
	(−3.94)	(−4.10)	(−4.22)
Lev	−0.075	−0.072	−0.073
	(−1.46)	(−1.41)	(−1.44)
Roa	−0.901***	−0.886***	−0.897***
	(−5.17)	(−5.10)	(−5.15)
Growth	0.007	0.007	0.007
	(0.86)	(0.83)	(0.84)
Age	−0.003*	−0.003*	−0.003*
	(−1.86)	(−1.93)	(−1.95)
Lsr	−0.005	0.002	0.001
	(−0.08)	(0.04)	(0.01)
Itf	−0.008	−0.007	−0.006
	(−0.35)	(−0.28)	(−0.25)
Msr	0.221*	0.235**	0.232**
	(1.94)	(2.07)	(2.04)
Index	0.002	0.003	0.002
	(0.28)	(0.46)	(0.29)
常数项	1.247***	1.261***	1.287***
	(6.16)	(6.25)	(6.33)

---

[5] 独立董事网络联结(Network_I)与非独立董事网络联结(Network_NI)系数差异的F检验不显著。

续表

变量	Subsidy		
	(1)	(2)	(3)
Year 和 Industry	控制	控制	控制
观测值	23 357	23 357	23 357
R^2	0.104	0.104	0.105

注:括号中为 t 值;*、**和***分别表示在10%、5%、1%的统计水平上显著。

2. 董事网络联结与公司获得政府补助的概率及水平

之前的研究基于全样本考察了董事网络联结对于公司政府补助获得的影响。本文在这一部分进一步探索董事网络联结对政府补助的获得性与获得政府补助后的补助水平的影响。定义获得政府补助(Subsidy_dum)虚拟变量,若公司当年获得政府补助则 Subsidy_dum 取值为1,否则取值为0。描述性结果显示,84%的样本获得了政府补助。表7第(1)列是在全样本中检验政府补助的获得性的 Logit 回归结果,结果显示董事网络联结(Network)的系数为正且在1%的统计水平上显著。这表明董事网络联结密度越大,公司获得政府补助的概率越高。第(2)列在获得政府补助的样本中检验董事网络联结对于获得政府补助后的补助水平的影响,结果显示董事网络联结(Network)的系数为正且在1%的统计水平上显著。这表明董事网络联结密度越大,对于获得政府补助的公司而言,其获得的政府补助水平会进一步提高。以上结果表明,董事网络联结对于公司获得政府补助的概率与水平均具有促进影响,进一步支持了假设1。

表7 董事网络联结与公司获得政府补助的概率及水平

变量	Subsidy_dum (1) 全样本	Subsidy (2) 获得政府补助样本
Network	0.327***	0.100***
	(2.71)	(2.77)
Size	0.427***	−0.066***
	(9.07)	(−5.97)
Lev	0.310	−0.102*
	(1.31)	(−1.66)
Roa	−0.603	−1.143***
	(−1.09)	(−5.47)

续表

变量	Subsidy_dum (1) 全样本	Subsidy (2) 获得政府补助样本
Growth	−0.071**	0.018
	(−2.12)	(1.62)
Age	−0.046***	−0.001
	(−6.05)	(−0.36)
Lsr	−0.575**	0.019
	(−2.27)	(0.27)
Itf	−0.116	0.000
	(−1.35)	(0.01)
Msr	1.398***	0.178
	(3.52)	(1.44)
Index	0.083***	−0.003
	(4.02)	(−0.50)
常数项	−8.460***	2.038***
	(−9.06)	(8.55)
Year 和 Industry	控制	控制
观测值	23 357	19 726
R^2/Pesudo R^2	0.242	0.085

注：括号中为 t 值，*、**和***分别表示在10%、5%、1%的统计水平上显著。

（四）稳健性测试

1. 工具变量方法

为缓解可能的遗漏变量造成的内生性问题，本文选取公司当年同一地区公司董事网络联结密度的中位数（剔除公司自身）作为工具变量进行检验。同一地区公司的经营环境相似，不同公司之间的董事网络联结应该有较强的相似性，但其他公司对本公司的政府补助获得并不具有直接的影响。检验结果如表8 Panel A 所示。[6] 结果显示，在第（1）列全样本、第（2）列非国有企业组、第（5）列政府干预强地区组的回归中，董事网络联结（Network）的系数均为正，且全样本组在10%的统计水平上显著，后两者均在1%的统计水平上显著；在第（3）列

---

[6] 限于篇幅。稳健性测试未报告控制变量结果，但未见异常。

国有企业组、第(6)列政府干预弱地区组的回归中,董事网络联结(Network)的系数均不显著。这表明公司当年同一地区公司董事网络联结对公司当年获得政府补助存在显著影响。同时,第(4)列和第(7)列全样本的回归中,董事网络联结与产权性质交互项(Network×Pri)的系数及董事网络联结与政府干预强度交互项(Network×Hinter)的系数均为正,且均在1%的统计水平上显著。以上结果表明公司当年同一地区公司董事网络联结密度越大,公司获得政府补助的水平越高,且董事网络联结对获得政府补助的增强作用确实主要存在于非国有企业和政府干预强地区的公司,而在国有企业和政府干预弱地区的公司中不存在显著影响。这一结果与之前的发现基本一致。

表8 稳健性测试

变量	Subsidy						
	全样本	非国有企业	国有企业	全样本	政府干预强地区	政府干预弱地区	全样本
	(1)	(2)	(3)	(4)	(5)	(6)	(7)
Panel A:工具变量方法							
Network	0.249*	0.660***	−0.071	−0.033	0.872***	−0.129	−0.057
	(1.77)	(3.56)	(−0.35)	(−0.19)	(3.35)	(−0.75)	(−0.33)
Network×Pri				0.640***			
				(2.82)			
Pri				−0.323***			
				(−3.17)			
Network×Hinter							0.818***
							(3.14)
Hinter							−0.368***
							(−3.06)
常数项	1.396***	1.126***	1.575***	1.536***	1.858***	1.312***	1.594***
	(5.95)	(4.11)	(4.65)	(6.54)	(4.10)	(4.90)	(6.52)
Control	控制	控制	控制	控制	控制	控制	控制
Year 和 Industry	控制	控制	控制	控制	控制	控制	控制
观测值	23 357	11 260	12 097	23 357	11 253	12 104	23 357
R^2	0.102	0.095	0.103	0.094	0.049	0.108	0.085
Panel B:对未来一期政府补助的影响							
Network	0.108***	0.175***	0.033	0.002	0.184***	0.019	0.022
	(3.22)	(4.22)	(0.65)	(0.05)	(3.75)	(0.49)	(0.55)

	Subsidy						续表
变量	全样本	非国有企业	国有企业	全样本	政府干预强地区	政府干预弱地区	全样本
	(1)	(2)	(3)	(4)	(5)	(6)	(7)
Network×Pri				0.199***			
				(3.13)			
Pri				−0.140***			
				(−4.04)			
Network×Hinter							0.174***
							(3.06)
Hinter							−0.055
							(−1.51)
常数项	1.103***	0.587**	1.498***	1.220***	1.225***	1.138***	1.146***
	(5.17)	(2.20)	(4.86)	(5.50)	(3.09)	(4.86)	(5.36)
Control	控制	控制	控制	控制	控制	控制	控制
Year 和 Industry	控制	控制	控制	控制	控制	控制	控制
观测值	20 887	9 741	11 146	20 887	10 062	10 825	20 887
R^2	0.102	0.137	0.099	0.104	0.111	0.106	0.103
Panel C:变动的董事网络联结							
ΔNetwork	0.071**	0.099**	0.044	0.022	0.144***	−0.006	−0.002
	(2.37)	(2.48)	(1.00)	(0.55)	(3.50)	(−0.14)	(−0.04)
LNetwork	0.119***	0.186***	0.042	0.004	0.222***	0.007	0.014
	(3.12)	(3.98)	(0.72)	(0.14)	(3.92)	(0.17)	(0.31)
ΔNetwork×Pri				0.095*			
				(1.70)			
LNetwork×Pri				0.218***			
				(5.51)			
Pri				−0.147***			
				(−6.91)			
ΔNetwork×Hinter							0.151***
							(2.66)
LNetwork×Hinter							0.214***
							(3.38)
Hinter							−0.085**
							(−2.17)

续表

变量	Subsidy						
	全样本	非国有企业	国有企业	全样本	政府干预强地区	政府干预弱地区	全样本
	(1)	(2)	(3)	(4)	(5)	(6)	(7)
常数项	1.103***	0.587**	1.498***	1.220***	1.225***	1.138***	1.146***
	(5.17)	(2.20)	(4.86)	(5.50)	(3.09)	(4.86)	(5.36)
Control	控制	控制	控制	控制	控制	控制	控制
Year 和 Industry	控制	控制	控制	控制	控制	控制	控制
观测值	20 887	9 741	11 146	20 887	10 062	10 825	20 887
R^2	0.102	0.137	0.099	0.104	0.111	0.106	0.103
Panel D：以当年获得的政府补助与当期收入之比衡量政府补助							
Network	0.123	0.257***	−0.017	−0.049	0.364***	−0.139	−0.133
	(1.63)	(2.59)	(−0.15)	(−0.45)	(3.46)	(−1.44)	(−1.37)
Network×Pri				0.335**			
				(2.36)			
Pri				−0.162**			
				(−1.99)			
Network×Hinter							0.517***
							(3.97)
Hinter							−0.278***
							(−3.33)
常数项	2.779***	1.933***	3.325***	2.816***	3.025***	2.703***	2.824***
	(5.12)	(2.77)	(4.11)	(4.97)	(3.35)	(3.96)	(5.17)
Control	控制	控制	控制	控制	控制	控制	控制
Year 和 Industry	控制	控制	控制	控制	控制	控制	控制
观测值	23 357	11 260	12 097	23 357	11 253	12 104	23 357
R^2	0.095	0.114	0.091	0.096	0.109	0.096	0.097
Panel E：以中位数衡量董事网络联结密度							
Network	0.173***	0.226***	0.107	0.066	0.300***	0.017	0.017
	(3.59)	(3.86)	(1.44)	(0.90)	(4.15)	(0.31)	(0.30)
Network×Pri				0.192**			
				(2.10)			
Pri				−0.129***			
				(−2.83)			

续表

变量	Subsidy						
	全样本	非国有企业	国有企业	全样本	政府干预强地区	政府干预弱地区	全样本
	(1)	(2)	(3)	(4)	(5)	(6)	(7)
Network×Hinter							0.305***
							(3.67)
Hinter							−0.130***
							(−2.95)
常数项	1.275***	0.810***	1.678***	1.384***	1.208***	1.411***	1.332***
	(6.28)	(3.12)	(5.61)	(6.51)	(3.16)	(6.17)	(6.48)
Control	控制	控制	控制	控制	控制	控制	控制
Year 和 Industry	控制	控制	控制	控制	控制	控制	控制
观测值	23 357	11 260	12 097	23 357	11 253	12 104	23 357
R^2	0.105	0.130	0.105	0.106	0.111	0.110	0.106

注：括号中为 t 值；*、**和***分别表示在10%、5%、1%的统计水平上显著。

2. 对未来一期政府补助的影响[7]

为缓解因果倒置的内生性问题，以未来一期政府补助代替当期政府补助进行回归，检验的结果如表 8 Panel B所示。第(1)列全样本、第(2)列非国有企业组、第(5)列政府干预强地区组的回归中，董事网络联结（Network）的系数均为正，且均在1%的统计水平上显著；第(3)列国有企业组、第(6)列政府干预弱地区组的回归中，董事网络联结（Network）的系数均不显著。同时，第(4)列和第(7)列的全样本回归中，董事网络联结与产权性质交互项（Network×Pri）的系数及董事网络联结与政府干预强度交互项（Network×Hinter）的系数均为正，且均在1%的统计水平上显著。这一结果与之前的发现基本一致。

3. 变动的董事网络联结

采用变动模型的设计，将董事网络联结（Network）分解为变动的董事网络联结（ΔNetwork）与上一期董事网络联结（LNetwork）进行检验，以进一步凸显变动的董事网络联结对于政府补助获得的影响。若结果显示上一期董事网络联结（LNetwork）的系数显著而变动的董事网络联结（ΔNetwork）的系数不显著，则本文之前发现的结果更有可能是遗漏变量干扰的结果。表 8 Panel C报告了回归结果。第(1)列全样本中上一期董事网络联结（LNetwork）的系

---

[7] 由于需要使用未来一期和上一期数据，表 8 Panel B 和 Panel C 检验的观测值有所减少。

数为正且在1%的统计水平上显著,变动的董事网络联结(ΔNetwork)的系数也为正且在5%的统计水平上显著。第(2)列非国有企业组中,上一期董事网络联结(LNetwork)的系数为正且在1%的统计水平上显著,变动的董事网络联结(ΔNetwork)的系数也为正且在5%的统计水平上显著。第(3)列国有企业组中,上一期董事网络联结(LNetwork)与变动的董事网络联结(ΔNetwork)的系数为正但均不显著。第(4)列全样本的回归中,上一期董事网络联结与产权性质交互项(LNetwork×Pri)的系数为正且在1%的统计水平上显著,变动的董事网络联结与产权性质交互项(ΔNetwork×Pri)的系数也为正且在10%的统计水平上显著。第(5)列政府干预强地区组中,上一期董事网络联结(LNetwork)与变动的董事网络联结(ΔNetwork)的系数均为正且均在1%的统计水平上显著。第(6)列政府干预弱地区组,上一期董事网络联结(LNetwork)与变动的董事网络联结(ΔNetwork)的系数均不显著。第(7)列全样本的回归中,上一期董事网络联结与政府干预强度交互项(LNetwork×Hinter)的系数为正且在1%的统计水平上显著,变动的董事网络联结与政府干预强度交互项(ΔNetwork×Hinter)的系数也为正且在1%的统计水平上显著。这些结果表明在考虑了上一期董事网络联结的基础上,变动的董事网络联结对政府补助获得具有增量作用,这一发现强化了之前发现的稳健性。

4. 以当年获得的政府补助与当期收入之比衡量政府补助

之前的检验以公司当年获得的政府补助与年末资产总额的比值衡量其获取政府补助的水平,此处以当年获得的政府补助与当期收入之比衡量政府补助水平。表8 Panel D报告了检验结果。第(1)列全样本中,董事网络联结(Network)的系数不显著(t 值 1.63);而第(2)列非国有企业组、第(5)列政府干预强地区组的回归中,董事网络联结(Network)的系数均为正且均在1%的统计水平上显著;第(3)列国有企业组、第(6)列政府干预弱地区组的回归中,董事网络联结(Network)的系数均不显著。同时,第(4)列和第(7)列全样本的回归中,董事网络联结与产权性质交互项(Network×Pri)的系数及董事网络联结与政府干预强度交互项(Network×Hinter)的系数均为正且分别在5%和1%的统计水平上显著。这一结果与之前的发现基本一致。

5. 以中位数衡量董事网络联结密度

之前的检验以公司董事网络联结密度的均值作为公司层面的董事网络联结指标,此处以公司董事网络联结密度的中位数作为公司层面的董事网络联结指标。表8 Panel E报告了检验结果。第(1)列全样本、第(2)列非国有企业组、第(5)列政府干预强地区组的回归中,董事网络联结(Network)的系数均为正且均在1%的统计水平上显著;第(3)列国有企业组、第(6)列政府干预弱地区组的回归中,董事网络联结(Network)的系数均不显著。同时,第(4)列和第(7)列全样本的回归中,董事网络联结与产权性质交互项(Network×Pri)的系数及董事网络联结与政府干预强度交互项(Network×Hinter)的系数均为正,且分别在5%和1%的统计水平上显著。这一结果与之前的发现基本一致。

6. 其他稳健性检验

本文还进行了其他未报告的稳健性检验。(1)参考步丹璐和狄灵瑜(2017)的做法,增加以下控制变量进行检验:管理费用(Adm),用上市公司当期管理费用的自然对数衡量;经营效率(Effi),用总资产周转率衡量;股权集中度(H5),用上市公司前五大股东持股比例的平方和衡量;GDP增长率(GDP),用省级层面GDP年增长率衡量。(2)考虑产业政策影响,在模型中控制产业政策支持(IP)。检验结果与之前的发现基本一致。

五、本文结论

董事网络联结是公司社会资本的一种表征,可以促进公司资源的获取。本文采用2004—2017年A股上市公司数据,检验了董事网络联结对董事所在公司获得政府补助的影响。结果显示:董事网络联结与公司获得的政府补助水平呈现显著的正相关关系,而公司的产权性质与所在地区的政府干预强度会影响其作用的发挥。此外,不论是独立董事网络联结还是非独立董事网络联结,对公司获得政府补助均具有正向影响;董事网络联结不仅提高了公司获得政府补助的概率,而且提高了公司获得政府补助的水平。

本文对于相关的理论研究和政策实践均有一定的启示作用。在理论层面,本文不同于以往有关政府补助影响因素的解释,而是提供一种新的研究视角,即政府补助的董事网络联结观。董事网络关系作为企业重要的、范围广泛的社会资本,会对企业政府补助的获得产生重要影响。在董事网络联结发挥作用的过程中,由于企业之间存在产权性质的差异以及地区之间存在制度环境的差异,因此董事网络联结的政府补助获得效应会有所差异。本文结合中国的政治和经济环境,从关系网络视角扩展并丰富了企业获得政府补助的作用机制理论。

在实践层面,企业积极主动地增强董事网络联结密度,一方面可以通过声誉机制向市场释放良好信号,另一方面可以降低企业与政府之间的信息不对称。因此，有效地构建董事网络关系并充分利用董事网络联结的信息优势和资源优势，有助于企业获得政府"扶持之手"的青睐。尤其是民营企业和位于政府干预强地区的企业，其与政府之间的信息不对称程度更高，而董事网络联结可以作为一种非正式制度，为企业持续、稳定、健康发展提供一种隐性保障。政府在资源配置过程中也应当注意董事网络联结问题。本文研究显示，董事网络联结是当前我国正式制度不完善背景下的一种替代机制，政府应当持续地完善法律法规和监督管理制度并严格执行，从根本上提高正式制度的完备程度，减少各种可能的"寻租"行为，降低整个社会稀缺资源有效配置的扭曲程度。就本文所涉及的政府补助来说，增加信息透明度、加强对官员行为的监管与约束可能是确保政府补助公平发放行之有效的解决手段。

参 考 文 献

边燕杰，丘海雄，2000.企业的社会资本及其功效[J].中国社会科学(2):87-99.

步丹璐，狄灵瑜，2017.治理环境、股权投资与政府补助[J].金融研究(10):193-206.

陈冬华，2003.地方政府、公司治理与补贴收入：来自我国证券市场的经验证据[J].财经研究(9):15-21.

陈仕华，姜广省，卢昌崇，2013.董事联结、目标公司选择与并购绩效：基于并购双方之间信息不对称的研究视角[J].管理世界(12):117-132.

陈仕华，李维安，2011.公司治理的社会嵌入性：理论框架及嵌入机制[J].中国工业经济(6):99-108.

陈运森，2012.独立董事网络中心度与公司信息披露质量[J].审计研究(5):92-100.

陈运森，谢德仁，2011.网络位置、独立董事治理与投资效率[J].管理世界(7):113-127.

陈运森，谢德仁，2012.董事网络、独立董事治理与高管激励[J].金融研究(2):168-182.

费孝通，2011.乡土中国[M].3版.北京：北京出版社.

韩忠雪，崔建伟，王闪，2014.技术高管提升了企业技术效率吗[J].科学学研究(4):559-568.

胡元木，纪端，2017.董事技术专长、创新效率与企业绩效[J].南开管理评论(3):40-52.

孔东民，刘莎莎，王亚男，2013.市场竞争、产权与政府补贴[J].经济研究(2):55-67.

李维安，孙林，2017.同乡关系会影响企业政策性负担吗？来自中国地方国有企业的经验证据[J].武汉大学学报(哲学社会科学版)(2):15-25.

梁上坤，陈冬，付彬，等，2018.独立董事网络中心度与会计稳健性[J].会计研究(9):39-46.

梁上坤，金叶子，王宁，等，2015.企业社会资本的断裂与重构：基于雷士照明控制权争夺案例的研究[J].中国工业经济(4):149-160.

梁玉成，2012.求职过程的宏观-微观分析：多层次模型[J].社会(3):55-77.

刘春，李善民，孙亮，2015.独立董事具有咨询功能吗？异地独董在异地并购中功能的经验研究[J].管理世界(3):124-136.

刘中燕，周泽将，2016.本地任职、产权性质与政府补助[J].商业经济与管理(9):30-40.

罗党论,唐清泉,2009.政治关系、社会资本与政策资源获取:来自中国民营上市公司的经验证据[J].世界经济(7):84-96.

马红光,2017.乡情纽带与政府角色:从驻京办看跨体制社会资本的构建[J].安徽师范大学学报(人文社会科学版)(6):750-757.

潘越,戴亦一,李财喜,2009.政治关联与财务困境公司的政府补助:来自中国 ST 公司的经验证据[J].南开管理评论(5):6-17.

邱兆祥,史明坤,2012.独立董事个人特征与任期内公司经营绩效[J].财贸经济(11):56-62.

全怡,陈冬华,2017.法律背景独立董事:治理、信号还是司法庇护?基于上市公司高管犯罪的经验证据[J].财经研究(2):34-47.

钱爱民,张晨宇,步丹璐,2015.宏观经济冲击、产业政策与地方政府补助[J].产业经济研究(5):73-82.

申宇,赵静梅,何欣,2016.校友关系网络、基金投资业绩与"小圈子"效应[J].经济学(季刊)(1):403-428.

申宇,赵玲,吴风云,2017.创新的母校印记:基于校友圈与专利申请的证据[J].中国工业经济(8):156-173.

万良勇,郑小玲,2014.董事网络的结构洞特征与公司并购[J].会计研究(5):67-72.

王克敏,刘静,李晓溪,2017.产业政策、政府支持与公司投资效率研究[J].管理世界(3):113-124.

王营,曹廷求,2014.董事网络增进企业债务融资的作用机理研究[J].金融研究(7):189-206.

王跃堂,王亮亮,彭洋,2010.产权性质、债务税盾与资本结构[J].经济研究(9):122-136.

王小鲁,樊纲,余静文,2017.中国分省份市场化指数报告:2016[M].北京:经济科学出版社.

吴超鹏,薛南枝,张琦,等,2019.家族主义文化、"去家族化"治理改革与公司绩效[J].经济研究(2):182-198.

谢德仁,陈运森,2012.董事网络:定义、特征和计量[J].会计研究(3):44-51.

许罡,朱卫东,张子余,2012.财政分权、企业寻租与地方政府补助:来自中国资本市场的经验证据[J].财经研究(12):120-127.

余明桂,回雅甫,潘红波,2010.政治联系、寻租与地方政府财政补贴有效性[J].经济研究(3):65-77.

张天舒,黄俊,崔莺,2014.股权性质、市场化进程与政府补助:基于 ST 公司的经验证据[J].投资研究(1):35-45.

赵晶,张书博,祝丽敏,等,2014.个人社会资本与组织社会资本契合度对企业实际控制权的影响:基于国美电器和雷士照明的对比[J].中国工业经济(3):121-133.

赵宜一,吕长江,2017.家族成员在董事会中的角色研究:基于家族非执行董事的视角[J].管理世界(9):155-165.

赵昌文,唐英凯,周静,等,2008.家族企业独立董事与企业价值:对中国上市公司独立董事制度合理性的检验[J].管理世界(8):119-126.

朱晓文,吕长江,2019.家族企业代际传承:海外培养还是国内培养[J].经济研究(1):68-84.

ADAMS R B, FERREIRA D, 2007. A theory of friendly boards[J]. The journal of finance, 62(1): 217-250.

ADHIKARI A, DERASHID C, ZHANG H, 2006. Public policy, political connections, and effective tax rates: longitudinal evidence from Malaysia[J]. Journal of accounting and public policy, 25:

574-595.

BARNEA A, GUEDJ I, 2009. Director networks[R]. Working paper.

BAKIS H, LU Z, 2000. The change from the geographical space to geocyberspace: review on the western scholars on reginal effects by telecommunication[J]. Acta geographica sinica, 55(1): 104-111.

CAI Y, SEVILIR M, 2012. Board connections and M&A transactions[J]. Journal of financial economics, 103(2): 327-349.

COHEN L, FRAZZINI A, MALLOY C, 2010. Sell-side school ties[J]. The journal of finance, 65(4): 1409-1437.

CULL R, XU L C, 2005. Institutions, ownership, and finance: the determinants of profit reinvestment among Chinese firms[J]. Journal of financial economics, 77(1): 117-146.

DUCHIN R, OZBAS O, SENSOY B A, 2010. Costly external finance, corporate investment, and the subprime mortgage credit crisis[J]. Journal of financial economics, 97(3): 418-435.

FACCIO M, 2006. Politically connected firms: can they squeeze the state[J]. American economic review, 96(1): 369-386.

FACCIO M, MASULIS R W, MCCONNELL J J, 2006. Political connections and corporate bailouts[J]. The journal of finance, 61(6): 2597-2635.

FALEYE O, HOITASH R, HOITASH U, 2011. The costs of intense board monitoring[J]. Journal of financial economics, 101(1): 160-181.

FALEYE O, HOITASH R, HOITASH U, 2013. Advisory directors[R]. Working paper.

FERRIS S P, JAGANNATHAN M, PRITCHARD A C, 2003. Too busy to mind the business? monitoring by directors with multiple board appointments[J]. The journal of finance, 58(3): 1087-1111.

GRANOVETTER M, 1973. The strength of weak ties[J]. American journal of sociology, 78(6): 1360-1380.

GRANOVETTER M, 1985. Economic action and social structure: the problem of embeddedness[J]. American journal of sociology, 91(3): 481-510.

HILLMAN A J, DALZIEL T, 2003. Boards of directors and firm performance: integrating agency and resource dependence perspectives[J]. Academy of management review, 28(3): 383-396.

JOHNSON S, MITTON T, 2003. Cronyism and capital controls: evidence from Malaysia[J]. Journal of financial economics, 67: 351-382.

KANG E, TAN B R, 2008. Accounting choices and director interlocks: a social network approach to the voluntary expensing of stock option grants[J]. Journal of business finance & accounting, 35(9/10): 1079-1102.

LARCKER D F, SO E C, WANG C C, 2010. Boardroom centrality and stock returns[R]. Working Paper.

LI H, MENG L, WANG Q, et al., 2008. Political connections, financing and firm performance: evidence from Chinese private firms[J]. Journal of development economics, 87(2): 283-299.

LIN N, 2002. Social capital: a theory of social structure and action[M]. Cambridge University Press.

SCHOORMAN F D, BAZERMAN M H, ATKIN R S, 1981. Interlocking directorates: a strategy for reducing environmental uncertainty[J]. Academy of management review, 6(2): 243-251.

UZZI B, 1999. Embeddedness in the making of financial capital: how social relations and networks benefit firms seeking financing[J]. American sociological review, 64(4): 481-505.

WEBER M, 1958. The protestant ethic and the spirit of capitalism[M]. New York: Scribner's.

XIN K, PEARCE J, 1996. Guanxi: connections as substitute for formal institutional support[J]. Academy of management journal, 39(6): 1641-1658.

会计师事务所内部薪酬差距激励了谁？

杨世信　刘运国　蔡　祥*

摘　要　本文利用2012—2016年549个经营实体层面的会计师事务所财务数据，考察了会计师事务所合伙人与经理审计师的薪酬差距对合伙人和经理审计师的不同激励效应。研究发现，内部薪酬差距与会计师事务所业绩显著负相关，且这种负相关关系在规模小、总部在省内的会计师事务所中更加明显，在合伙人平均薪酬较高和薪酬差距较大时更加明显；内部薪酬差距与会计师事务所效率显著正相关；合伙人权力与内部薪酬差距显著正相关。以上证据表明，内部薪酬差距负向激励经理审计师，导致会计师事务所业绩下降，符合社会比较理论的预期；但内部薪酬差距能正向激励合伙人，缓解会计师事务所与合伙人之间、合伙人与合伙人之间的代理冲突，从而提升会计师事务所的效率。

关键词　薪酬差距　合伙人权力　薪酬业绩敏感性　事务所

Who is Motivated by the Pay Gap within Accounting Firms?

SHIXIN YANG　YUNGUO LIU　XIANG CAI

Abstract　Based on the financial data of 549 office level accounting firms from 2012 to 2016, this paper investigates the different incentive effects of the internal pay gap between the partners and the manager auditors on the partners and the manager auditors. It is found

---

* 杨世信，广西财经学院会计与审计学院、广西会计研究院；刘运国、蔡祥，中山大学管理学院。共同通信作者：刘运国、蔡祥；地址：广东省广州市海珠区新港西路135号；邮编：510275；E-mail：mnsygliu@mail.sysu.edu.cn（刘运国），mnscx@mail.sysu.edu.cn（蔡祥）。本文得到财政部会计名家培养工程（2019）、广西高等学校千名中青年骨干教师培育计划（第四期）和广西一流学科统计学建设项目的资助，是国家自然科学基金重大项目（71790603）和面上项目（71872187）以及广西哲学社会科学规划课题（21BGL013，21FDJ026）的阶段性成果。感谢编辑部和外审专家以及第19届中国实证会计研讨会、第11届中国青年会计学者学术研讨会、2018 Summer Research Workshop of CJAR 点评专家及与会学者的宝贵意见。当然，文责自负。

that there is a significant negative correlation between internal pay gap and accounting firms' performance, and this negative correlation is more obvious in small-scale firms and firms with headquarters in the province, and is also more obvious when the average pay and pay gap of partners are higher. There is a significant positive correlation between internal pay gap and accounting firms' efficiency, and a positive correlation between partner power and internal pay gap. The above evidences show that the internal pay gap negatively motivates the manager auditors, leading to the decline of the accounting firm's performance, which is in line with the expectation of social comparison theory; but the internal pay gap can positively motivate the partners, alleviate the agency conflicts between the accounting firms and the partners, and among the partners, thus improving the efficiency of the accounting firms.

Key words Pay Gap; Partner Power; Pay Performance Sensitivity; Accounting Firm

一、引 言

党的十九届五中全会指出,"十四五"时期我国经济社会发展的主要目标之一是提高劳动报酬在初次分配中的比重,完善工资制度,健全工资合理增长机制,构建充分体现知识、技术等创新要素价值的收益分配机制,改善分配结构。收入分配关系民生福祉,保持工资合理增长、兼顾效率与公平是我国薪酬制度改革应坚持的基本原则。近二十年来,我国会计师事务所取得长足的发展,会计师事务所的规模和效率都得到较大提升。在这个过程中,对合伙人[1]和经理审计师实施的薪酬激励发挥了重要作用(Greenwood and Empson, 2003; Hoopes et al., 2018; Pruijssers et al., 2020),但同时也导致了会计师事务所内部薪酬差距呈不断扩大之势(见图1)。研究表明,当审计师薪酬较低时,会计师事务所的审计质量(Hoopes et al., 2018)和业绩(郭弘卿等,2011)较低,但过高的薪酬激励也可能诱发审计师偏离审计质量要求的行为(Zeff, 2003a, 2003b; Brenk et al., 2020; Ernstberger et al., 2020),特别是内部薪酬差距扩大有可能进一步刺激审计师的不道德审计行为(DeFond and Zhang, 2014; Pruijssers et al., 2020)。遗憾的是,由于缺乏有效的证据,学术界对会计师事务所内部薪酬差距对审计师行为及绩效存在何种影响缺乏实证探讨,关于内部薪酬差距影响审计师行为及绩效的机理更是研究空白。

---

[1] 本文使用的"合伙人"概念,包含了合伙制会计师事务所的所有者(合伙人)和有限责任制会计师事务所的所有者(股东)。

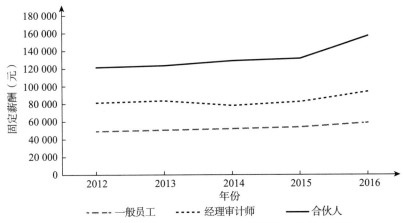

图 1　会计师事务所内不同类型行为主体的固定薪酬趋势

本文利用 2012—2016 年 549 个经营实体层面的会计师事务所财务数据,检验兼具委托人和代理人双重角色的合伙人与经理审计师之间的内部薪酬差距与会计师事务所业绩和效率之间的关系,探讨内部薪酬差距对合伙人和经理审计师的不同激励效应。本文的潜在贡献主要体现在四个方面:第一,本文首次实证检验了会计师事务所内部薪酬差距对事务所业绩和效率的影响,同时探讨了内部薪酬差距对低层级行为主体(经理审计师)和高层级行为主体(合伙人)的激励效应差异,丰富和拓展了薪酬激励理论的研究文献;第二,区别于以往研究仅关注代理人成员之间的薪酬差距的经济后果,本文基于会计师事务所合伙人既是委托人又是代理人的双重角色的独特场景,不仅讨论了代理人成员之间(即作为代理人的合伙人与经理审计师之间)的薪酬差距的激励效应,还讨论了委托人与代理人之间(即作为委托人的合伙人与经理审计师之间)的薪酬差距的激励效应,拓展了现有的研究边界;第三,本文提供了合伙人和经理审计师之间的薪酬差距与合伙人权力之间关系的证据,从另一角度揭示了会计师事务所内部治理结构的经济后果,为 2008 年财政部、中注协发布《会计师事务所内部治理指南》、要求会计师事务所完善合伙人晋升与退出机制等政策提供理论和经验证据的支持;第四,本文的研究结果表明了合伙人与经理审计师之间的薪酬差距过大,能够激励合伙人但不能激励具体执行审计工作的经理审计师,为会计师事务所设计最优薪酬契约和监管部门改善审计治理提供决策参考。

二、理论分析与假设发展

(一)内部薪酬差距与会计师事务所业绩

国内外学者围绕上市公司 CEO 高管与非 CEO 高管之间(李绍龙等,

2012;梁彤缨等,2013;Yanadori and Cui,2013;Breunig et al.,2014;缪毅和胡奕明,2014;徐淋等,2015;卫旭华和刘咏梅,2016)、高管与员工之间(黎文靖和胡玉明,2012;Brian et al.,2014;陈冬华等,2015;高良谋和卢建词,2015;刘张发等,2017)的薪酬差距问题展开了广泛的研究,取得了非常丰富的成果。关于内部薪酬差距的激励效应,存在两种竞争性的理论解释,即锦标赛理论(Lazear and Rosen,1981;Rosen,1986)和社会比较理论(Carpenter and Sanders,2004;Williams 2006)。锦标赛理论认为,适当拉大组织内部薪酬差距,有助于激发低薪酬行为主体的努力程度和工作热情,激发低薪酬行为主体向上晋升以获取更高报酬的内生动力,从而提升员工的工作效率和组织业绩水平,因此内部薪酬差距与企业业绩存在正相关关系。社会比较理论认为,组织内部薪酬差距扩大,将降低低薪酬行为主体在组织内部的满意度和公平感,从而挫伤低薪酬行为主体的努力程度和合作意愿,最终损害组织的业绩水平。尽管基于锦标赛理论的内部薪酬差距可能对企业业绩水平存在积极影响的论断得到很多经验证据的支持(黎文靖和胡玉明,2012;Faleye et al.,2013;Firth et al.,2015;刘张发等,2017),但也面临诸多挑战。内部薪酬差距带来的锦标赛效应使组织成员把同事视为竞争对手,导致组织成员之间合作意愿降低、组织内部信息交流减少、组织文化氛围恶化和组织价值观扭曲等问题,助长组织成员的不道德行为(Koh and Boo,2004)。因此,薪酬差距在一定程度上可能存在锦标赛的激励效应,但超过一定范围将引发员工的不公平意识,降低员工的薪酬满意度和合作意愿,从而产生对业绩增长的破坏力,这种破坏力将抵消甚至超过薪酬差距带来的积极作用,进而降低企业的业绩水平(陈丁和张顺,2010;王永乐和吴继忠,2010;高良谋和卢建词,2015)。研究发现,内部薪酬差距越大,高管操纵盈余的可能性越大(杨志强和王华,2014),高管的非效率投资行为越严重(黎文靖和胡玉明,2012;高良谋和卢建词,2015;刘张发等,2017),这表明薪酬差距存在较明显的负面激励效应。

对承担会计信息质量社会鉴证责任的会计师事务所而言,内部薪酬差距对组织价值观、文化和道德行为的危害可能更明显(Greenwood et al.,2011;Pruijssers et al.,2020)。会计师事务所作为典型的人力密集型和智力密集型专业服务组织,合伙人和大部分经理审计师都具有注册会计师资格,在专业胜任能力上是差不多的,差别就在于是否拥有产权,而产权集中在少部分合伙人手中,这将强化内部薪酬差距对高管不道德行为的正向激励(Shafer et al.,2013;杨志强和王华,2014)。会计师事务所内部实施锦标赛效应的薪酬安排,将给审计师传递内部竞争意识而非团队合作意识,强调实现个人目标而非组织目标,将破坏会计师事务所履行公共责任的道德导向和团队合作文化,导致审计师行为扭曲和资源错配,降低会计师事务所的业绩(Shafer,2008,2015)。监管部门已经意识到,内部薪酬差距可能是不道德的审计师行为和审计失败的潜在原因(AFM,2014,2017;IFIAR,2017)。

在会计师事务所中扩大内部薪酬差距能否起到锦标赛理论所预期的正向激励效应仍存在很大疑问。锦标赛式薪酬安排发挥正向激励效应需要以内部晋升机制畅通为前提,只有这样才能给予激励对象清晰的预期和正面的激励作用。在我国的会计师事务所中,一般员工[2]通过自己的努力晋升为经理审计师的晋升通道是比较顺畅的,但经理审计师要晋升为合伙人却是非常困难的。2008年中注协发布的《会计师事务所内部治理指南》对会计师事务所的晋升机制建设有所提及,但该指南并不具有法律强制性,条文表述也相当含糊[3],事务所是否执行或执行的程度如何完全取决于事务所本身,导致事务所内审计师晋升为合伙人的晋升通道不明确,甚至缺乏正常的合伙人晋升通道,从而制约事务所内部健康激励机制的形成。同时,合伙人与经理审计师之间的薪酬差距过大必然会影响经理审计师的公平感知和工作积极性,内部薪酬差距的负面效应将更加明显(贺伟和龙立荣,2011;黎文靖和胡玉明,2012)。

基于以上分析,我们预期会计师事务所合伙人与经理审计师之间的薪酬差距越大,对经理审计师行为和会计师事务所业绩的负向激励效应越明显。由此,本文提出以下假设:

假设1 会计师事务所内部薪酬差距与会计师事务所业绩显著负相关。

(二) 内部薪酬差距与会计师事务所效率

合伙人与经理审计师之间的薪酬差距对低薪酬经理审计师存在负向激励效应,对高薪酬合伙人存在何种激励效应尚不清楚。传统经济学效率理论认为,效率是经济组织实现利益最大化的根本途径和重要抓手(洪银兴,2016;刘世锦,2017);同时,在既定的资源要素投入水平下,组织效率取决于组织内的各种制度机制对经理人努力程度的激励效应(Leibenstein,1966;胡寄窗,1988)。效率工资理论提出,更高的工资薪酬能够激励经营者的努力程度,从而提高企业的生产率和经营绩效(Hoopes et al.,2018)。

会计师事务所效率表征事务所的投入产出关系,是反映事务所经济效益和

---

[2] 在会计师事务所财务报表披露的信息中,一般员工是指那些职位较低、不具有注册会计师等执业资格证书的员工。在实践中,一般员工与从业人员的指向对象是一致的。

[3] 比如,该指南第十五条提出,"事务所可在章程中约定成为事务所股东在诚信记录、专业经历、议事能力和年龄条件等方面的要求"。第十六条提出,"事务所应当在章程中约定新股东的加入程序"。第十七条提出,"事务所应当在章程中对股东退出的情形和程序作出约定"。

经营者经营管理能力的重要指标。合伙人既是事务所的所有者、委托人,也是事务所的经营者、代理人(Huddart and Liang,2003,2005;吴溪和陈梦,2012;邓川,2013;Ernstberger et al.,2020)。基于经济人假设和经理人声誉假设,无论是从所有者还是从经营者的角度,合伙人都有强烈动机去提升效率以实现利益最大化,而且合伙人对事务所效率的提升具有决定性作用。相比于经理审计师,作为所有者和经营者的合伙人需要承担更大的审计风险和经营风险,更有利于合伙人的薪酬安排可以满足合伙人承担更大审计风险与经营风险的合理诉求(周泽将等,2018),而内部薪酬差距不断扩大是弥补合伙人风险承担的必然之举,似乎也可以解释当前我国会计师事务所内部薪酬差距不断扩大的现实。会计师事务所内部薪酬差距扩大对合伙人的激励效应,除了能够弥补合伙人承担风险带来的潜在损失,还能够缓解事务所与合伙人之间的自我委托代理冲突和合伙人之间的相互委托代理冲突,从而降低事务所内部的委托代理成本(黎文靖和胡玉明,2012)。因此,我们预期内部薪酬差距能够正向激励合伙人,促使合伙人努力提升会计师事务所效率。由此,本文提出以下假设:

假设2 会计师事务所内部薪酬差距与会计师事务所效率正相关。

三、研究设计

(一) 样本选择

本文经授权获得来自中国注册会计师行业管理信息系统财务报表子系统549个经营实体层面的会计师事务所2012—2016年度报表数据,包括总收入、审计收入、成本支出明细、薪酬支出明细等财务数据以及合伙人人数、一般员工数、注册会计师及具其他资格人数、客户总数等基本信息,剔除异常数据(如薪酬支出为零或负数)的样本后,形成2 171个事务所—年度—城市观测值,薪酬差距取滞后一期后共有1 615个事务所—年度—城市观测值。为消除极端值的影响,本文对所有连续变量按1%和99%进行缩尾处理。

(二) 变量定义

1. 会计师事务所内部薪酬差距

在会计师事务所内部的行为主体中,合伙人和经理审计师对事务所业绩的影响最大。合伙人既是所有者、委托人,又是经营者、代理人(Huddart and Liang,2003,2005;吴溪和陈梦,2012;邓川,2013;Ernstberger et al.,2020),是会计师事务所最核心的决策者和业务开拓者;经理审计师是高级经理、经理、项目经理等审计师的统称,是事务所中重要的业务拓展者与审计执行者。基于此,本文通过考察合伙人与经理审计师之间的薪酬差距,探讨兼具委托人和代理人双重角色的合伙人与经理审计师之间的薪酬差距分别对合伙人和经理审计师的激励效应。参考黎文靖和胡玉明(2012)、刘张发等(2017)的做法,本文的解释变量为合伙人与经理审计师之间的薪酬差距(简称"合-管薪酬差距",PM),按以下两种方法确认:一是合伙人薪酬仅包含固定薪酬的合-管薪酬差距(PM1),二是合伙人薪酬包含固定薪酬和可变薪酬的合-管薪酬差距(PM2)。具体计量方法如下:

(1) 合伙人薪酬仅包含固定薪酬的合-管薪酬差距(PM1)确认方法:

$$合伙人平均薪酬(PP1) = 合伙人薪酬总额 / 合伙人数$$

$$经理审计师平均薪酬(MP1) = \frac{经理审计师薪酬总额}{总员工数 - 合伙人数 - 一般员工数}$$

$$合\text{-}管薪酬差距(PM1) = LnPP1 - LnMP1$$

(2) 合伙人薪酬包含固定薪酬和可变薪酬的合-管薪酬差距(PM2)确认方法:

考虑到合伙人的收入来源包括固定薪酬和剩余收益分享,而经理审计师没有剩余收益分享权,我们将期末可供投资者分配的利润纳入合伙人薪酬的计算范围,确保我们的估计更加稳健。

$$合伙人平均薪酬 PP2 = (合伙人薪酬总额 + 可分配利润) / 合伙人数$$

$$经理审计师平均薪酬 MP1 = \frac{经理审计师薪酬总额}{总员工数 - 合伙人数 - 一般员工数}$$

$$合\text{-}管薪酬差距(PM2) = LnPP2 - LnMP1$$

为避免黎文靖和胡玉明(2012)提到的可能存在的反向因果问题,本文采用滞后1期的合-管薪酬差距,直接改进黎文靖和胡玉明(2012)的估计方法。

2. 会计师事务所业绩

现有文献大多采用总资产收益率(ROA)或者托宾Q值测量一般企业组织的业绩水平。拥有双重属性的会计师事务所自身的业绩评价与一般企业组织的业绩评价有很大不同,事务所更关注业务总收入或审计收入和市场份额,究其原因是在事务所所重视的社会声誉的评价标准中,业务总收入或审计收入和市场份额所占的权重最大。在广东省八百多家会计师事务所中,绝大部分是小型事务所,规模很小,单个事务所的市场份额很小,对这部分小型事务所而言市场份额没有意义。因此,本文采用事务所总收入(PERF1)和事务所审计收入(PERF2)作为业绩指标。

3. 会计师事务所效率

本文参考杨世信等(2018)的方法,以会计师事务所的合伙人数、CPA人数、一般员工数等人力资源投入以及工资支出、福利支出、其他支出等人力成本投入为投入要素,以事务所总收入和客户数量为产出要素,使用产出导向的BCC模型(Banker et al.,1984),利用Deap 2.1软件估计可变规模报酬下的事务所效率(全要素生产率,EFF),包括综合效率(技术效率,Crste)和配置效率(规模效率,Scale),用于衡量会计师事务所总分所层面的经营效率。

4. 控制变量

本文参考杨世信等(2018)的方法,考虑到事务所的业绩水平和效率水平可能受到自身特征与外部环境的影响,控制会计师事务所的组织形式(Org_form)、内部治理(Partner_g)、内部控制(QSB和Divisions)、事务所规模(Big50)、专业化程度(CPA_g)、业务集中度(Busi_con)等事务所内部特征以及事务所所在地区的地区经济规模(GDP)、地区行业集中度(HHI)、地区产业集聚(CYJJ)等外部环境特征的影响,并区分不同城市(City)、年度(Year)的地区效应和时间效应。具体变量定义见表1。

表1 变量定义

变量名称	变量符号	定义
事务所总收入	PERF1	会计事务所总收入的自然对数
事务所审计收入	PERF2	会计事务所审计收入的自然对数
综合效率	Crste	技术效率,等于纯技术效率×规模效率
配置效率	Scale	规模效率
合-管薪酬差距1	LPM1	滞后1期的PM1
合-管薪酬差距2	LPM2	滞后1期的PM2
组织形式	Org_form	合伙制(含普通合伙和特殊普通合伙)取值为1,否则取值为0
内部治理	Partner_g	等于合伙人股东会人数除以总员工数,数值越大表示治理越好
内部控制1	QSB	具有证券业务资格取值为1,表示内部控制好,否则取值为0
内部控制2	Divisions	事务所的分所取值为1,表示内部控制差,否则取值为0
事务所规模	Big50	广东省注册会计师协会发布的省内百强排名前50事务所,取值为1,否则取值为0
专业化程度	CPA_g	等于CPA人数除以总员工数,数值越大表示专业化程度越高
业务集中度	Busi_con	等于审计收入除以事务所总收入
地区经济规模	GDP	等于各地级市GDP除以广东省GDP
地区行业集中度	HHI	各地级市的HHI指数,数值越大表示集中度越高,竞争度低
地区产业集聚	CYJJ	所在地事务所数量占全省事务所数量的比重
城市	City	地区效应
年度	Year	时间效应

（三）回归模型

为检验假设 1，我们构建模型（1）检验会计师事务所内合伙人与经理审计师之间薪酬差距对事务所业绩的影响，以揭示内部薪酬差距对经理审计师的激励效应。

$$PERF = \alpha_0 + \alpha_1 PM + \sum Controlvias + \sum Year + \sum City + \varepsilon \quad (1)$$

为检验假设 2，以事务所效率作为所考察合伙人努力的结果，我们构建模型（2）检验内部薪酬差距对事务所效率的影响，以揭示内部薪酬差距对合伙人的激励效应。

$$EFF = \alpha_0 + \alpha_1 PM + \sum Controlvias + \sum Year + \sum City + \varepsilon \quad (2)$$

其中，PERF 为事务所业绩，分别以事务所总收入（PERF1）、事务所审计收入（PERF2）表示；EFF 为事务所效率，分别以综合效率（Crste）和配置效率（Scale）表示；PM 为内部薪酬差距，分别以 LPM1 和 LPM2 代替；Controlvias 为控制变量集，变量定义如表 1 所示。

四、实 证 分 析

（一）描述性统计

表 2 显示，事务所总收入的均值为 14.929，标准差为 1.345；事务所审计收入的均值为 14.564，标准差为 1.672，均值均大于中位数。这表明事务所之间的业绩水平波动较大，审计业务集中度（依赖度）非常高。事务所的综合效率均值为 0.728，配置效率均值为 0.776，标准差均在 0.15 以上。这表明事务所的效率与最优的效率值 1 存在较大差距，且事务所之间的效率波动较大。本文的解释变量——包含期末可供投资者分配利润的薪酬差距（LPM2）和不包含期末可供投资者分配利润的薪酬差距（LPM1）的均值远大于中位数，标准差大于均值，表明内部薪酬差距较大。LPM2 和 LPM1 的最小值均为负数，表明存在合伙人（股东）的平均薪酬低于经理审计师的平均薪酬的情况。这种情况普遍存在于当前我国的会计师事务所行业[4]，但在一般企业组织中并不常见。这表明

---

[4] 根据财政部的统计数据，2014 年会计师事务所全行业合伙人平均工资薪酬为 8.9 万元，高级经理平均工资薪酬为 22.5 万元，经理平均工资薪酬为 14.2 万元，其他人员平均工资薪酬为 7.0 万元。资料来源：财政部会计司.中国注册会计师行业发展报告：基于会计师事务所 2010—2014 年度报备信息的数据分析[R/OL].[2018-10-31].http://kjs.mof.gov.cn/zhengwuxinxi/diaochayanjiu/201512/t20151210_1608261.html.

事务所内部的薪酬制度安排具有独特性和复杂性,可能还存在其他未知的薪酬分配制度,有待进一步挖掘探索。我们仔细检查事务所的原始报表数据发现,不少事务所的年末未分配利润为负数,这意味着事务所发生了亏损。我们调研了解到,事务所表现出来的"亏损"与一般企业组织的"亏损"并不一样,事务所的"亏损"与事务所内部独特的制度安排有很大关系。一般事务所的合伙人是较为独立的团队,合伙人完成事务所规定的基本任务目标后,超过基本任务目标的业务收入按惯例实行"包干制",即收支自理、盈亏自负。同时,为了合理避税,合伙人可以将很多个人的日常开支拿到事务所报销,代替领取固定薪酬和业绩奖金(不少事务所的合伙人薪酬为负数,这部分数据在样本选择时已删除),并且可以提前预支,从而导致事务所"亏损"。这是当前备受诟病的合伙人将事务所个人化的问题。遗憾的是,我们所掌握的事务所报表数据并不支持我们将这部分合伙人个人开支的费用分离出来,这也是下一步研究有待解决的问题。表3为各变量相关系数。

表 2 描述性统计

变量	样本量	均值	标准差	最小值	25%分位数	中位数	75%分位数	最大值
PERF1	1 615	14.929	1.345	11.699	14.093	14.820	15.511	19.204
PERF2	1 615	14.564	1.672	0.000	13.790	14.550	15.242	19.088
Crste	1 615	0.728	0.157	0.412	0.604	0.719	0.850	1.000
Scale	1 615	0.776	0.151	0.432	0.662	0.780	0.898	1.000
LPM1	1 615	2.145	6.889	−14.262	−0.405	0.000	10.491	15.446
LPM2	1 615	5.731	6.021	−11.277	0.485	3.855	11.603	14.270
QSB	1 615	0.103	0.304	0.000	0.000	0.000	0.000	1.000
Org_form	1 615	0.631	0.483	0.000	0.000	1.000	1.000	1.000
Divisions	1 615	0.122	0.327	0.000	0.000	0.000	0.000	1.000
Big50	1 615	0.115	0.319	0.000	0.000	0.000	0.000	1.000
Partner_g	1 615	0.143	0.098	0.008	0.074	0.119	0.200	0.500
CPA_g	1 615	0.317	0.123	0.091	0.226	0.304	0.389	0.714
Busi_con	1 615	0.764	0.190	0.066	0.677	0.813	0.907	0.994
GDP	1 615	13.846	5.545	6.523	7.791	18.792	18.934	19.094
HHI	1 615	0.004	0.004	0.000	0.000	0.006	0.008	0.011
CYJJ	1 615	0.178	0.133	0.007	0.032	0.267	0.321	0.329

表 3 各变量相关系数

变量	PERF1	PERF2	Crste	Scale	LPM1	LPM2	Org_form	QSB	Divisions	Big50	Partner_g	CPA_g	Busi_con	GDP	HHI	CYJJ
PERF1	1.000															
PERF2	0.862***	1.000														
Crste	−0.301***	−0.267***	1.000													
Scale	−0.418***	−0.377***	0.973***	1.000												
LPM1	−0.259***	−0.217***	0.078***	0.091***	1.000											
LPM2	−0.183***	−0.161***	0.081***	0.088***	0.692***	1.000										
Org_form	−0.175***	−0.119***	0.202***	0.210***	−0.150***	−0.084***	1.000									
QSB	0.619***	0.508***	−0.118***	−0.193***	−0.240	−0.160	0.242***	1.000								
Divisions	0.547***	0.439***	−0.032	−0.108***	−0.256***	−0.129***	0.148***	0.877***	1.000							
Big50	0.705***	0.572***	−0.181***	−0.265***	−0.244***	−0.159***	0.059***	0.702***	0.630***	1.000						
Partner_g	−0.578***	−0.465***	0.080***	0.138***	0.332***	0.205***	−0.196***	−0.382***	−0.396***	−0.369***	1.000					
CPA_g	−0.254***	−0.185***	0.079***	0.114***	0.136***	0.077***	−0.211***	−0.145***	−0.115***	−0.146***	0.486***	1.000				
Busi_con	0.065***	−0.091***	−0.017	−0.099***	0.035	0.024	0.001	0.013	−0.021	−0.029	0.011	0.016	1.000			
GDP	0.136***	0.087***	−0.014	−0.061***	−0.279***	−0.111***	0.049**	0.187***	0.164***	0.230***	−0.181***	0.0370	−0.078***	1.000		
HHI	0.068***	0.045*	−0.075***	−0.061***	−0.286***	−0.117***	0.119***	0.154***	0.132***	0.174***	−0.167***	0.029	−0.036	0.919***	1.000	
CYJJ	0.098***	0.061*	−0.011	−0.002	−0.299***	−0.130***	0.116***	0.177***	0.156***	0.206***	−0.191***	0.026	−0.066***	0.987***	0.932***	1.000

注:括号内为 t 值,标准误经公司层面聚类调整,***、**、*分别表示在 1%、5% 和 10% 的统计水平上显著。

(二) 回归结果分析

1. 假设 1 的回归结果分析

模型(1)采用分年度、分城市 OLS 混合稳健回归,回归结果如表 4 所示。表 4 显示,两种不同的薪酬差距衡量指标 LPM1、LPM2 对于两种不同的事务所业绩衡量指标 PERF1、PERF2 的回归系数都显著为负,表明会计师事务所内部薪酬差距对事务所业绩存在负面影响,符合社会比较理论预期的激励效应,同时也表明内部薪酬差距对低薪酬行为主体(经理审计师)存在负向激励效应。内部薪酬差距对经理审计师的负向激励效应可能受到事务所内部治理、内部控制以及事务所规模等因素的调节。相关研究和调研结果表明,当前我国会计师事务所行业的内部治理、内部控制等内部制度和激励机制建设尚处于起步阶段,还极不健全、不完善,特别是规模小的事务所(陈波,2013;邓川,2012,2013;黄琳琳和张立民,2016;谭宪才,2007)。内部制度和激励机制的缺失或受阻,导致本应激励经理审计师工作积极性的薪酬差距失去应有的正向激励效应,经理审计师甚至因社会比较而更容易产生不公平感知和消极行为,从而降低事务所的业绩水平。

表 4 合一管薪酬差距与事务所业绩

变量	PERF1	PERF1	PERF2	PERF2
LPM1	−0.010***		−0.015***	
	(0.003)		(0.004)	
LPM2		−0.007**		−0.012***
		(0.003)		(0.005)
QSB	1.975***	1.937***	1.818***	1.757***
	(0.167)	(0.169)	(0.215)	(0.224)
Org_form	−0.961***	−0.955***	−0.844***	−0.834***
	(0.043)	(0.044)	(0.085)	(0.087)
Divisions	−0.808***	−0.762***	−0.790***	−0.719***
	(0.125)	(0.127)	(0.158)	(0.166)
Big50	1.600***	1.612***	1.760***	1.774***
	(0.076)	(0.076)	(0.099)	(0.098)
Partner_g	−5.576***	−5.658***	−5.576***	−5.679***
	(0.244)	(0.243)	(0.361)	(0.357)
CPA_g	−0.171	−0.179	0.170	0.155
	(0.189)	(0.190)	(0.294)	(0.295)

续表

变量	PERF1	PERF1	PERF2	PERF2
Busi_con	0.501***	0.501***	3.217***	3.218***
	(0.110)	(0.110)	(0.399)	(0.400)
GDP	2.859**	2.847**	2.944	2.920
	(1.319)	(1.321)	(2.369)	(2.372)
HHI	0.355	2.048	−61.200	−58.590
	(18.570)	(18.580)	(42.320)	(42.070)
CYJJ	−3.097	−2.711	−40.370*	−39.780*
	(10.500)	(10.530)	(21.700)	(21.660)
常数项	−2.743	−2.674	−5.639	−5.477
	(8.795)	(8.807)	(15.830)	(15.850)
Year	控制	控制	控制	控制
City	控制	控制	控制	控制
N	1 615	1 615	1 615	1 615
R^2	0.771	0.769	0.631	0.630

注:括号内为t值,标准误经公司层面聚类调整;***、**、*分别表示在1%、5%和10%的统计水平上显著。

为进一步分析事务所内部制度与激励机制完善水平和事务所规模对薪酬差距与事务所业绩间负向关系的调节作用,本文区分会计师事务所总部所在地,将样本事务所分为本土所和外来所两个子样本集。本土所是指总部设在广东省内的会计师事务所,外来所是指总部设在广东省以外、经营实体设在广东省内的会计师事务所。一般而言,能跨省开设分支机构的事务所,其规模都较大[5]、内部制度与激励机制都相对较好。在487家本土所中,绝大部分是小规模所[6],而小规模所的内部制度与激励机制一般都比较弱。我们以比较接近事务所薪酬分配现实的内部薪酬差距(LPM2)为解释变量,以事务所总收入(PERF1)为被解释变量做进一步检验,实证结果显示(见表5),总部在广东省内的本土所业绩受薪酬差距的负向影响更显著,而总部不在广东省内的外来所业绩受薪酬差距的影响不显著。究其原因可能是外来所的总所一般都是全国性的大型会计师事务所,其内部制度建设更规范、激励机制更合理,对经理审计师的激励更显著,导致内部薪酬差距对事务所业绩的负向影响减弱,甚至反转为正向影响。

---

[5] 根据中注协公布的2017年会计师事务所综合排名,在广东省开设分支机构的62家事务所均在排名前100中。

[6] 本土所样本的业务总收入均值为3 427 602元,中位数为1 878 509元,95%分位数为9 492 030元。

表 5 合一管薪酬差距与事务所业绩分组检验

变量	PERF 1			
	本土所	外来所	小规模所	大规模所
LPM2	−0.007**	0.003	−0.011***	−0.003
	(0.003)	(0.009)	(0.004)	(0.005)
QSB	1.504***	0.884**	0.571***	1.243***
	(0.496)	(0.359)	(0.215)	(0.164)
Org_form	−0.942***	−0.064	−0.410***	−0.241***
	(0.043)	(0.380)	(0.082)	(0.064)
Divisions	−0.961***	—	−0.702***	−0.549***
	(0.163)	—	(0.143)	(0.152)
Big50	1.287***	1.457***	—	1.352***
	(0.083)	(0.134)	—	(0.066)
Partner_g	−6.181***	−9.314***	−3.356***	−1.364***
	(0.245)	(2.562)	(0.278)	(0.460)
CPA_g	0.510***	−3.649***	−0.004	−1.161***
	(0.196)	(0.556)	(0.213)	(0.264)
Busi_con	0.254**	1.158***	0.200	0.606***
	(0.124)	(0.246)	(0.140)	(0.134)
GDP	2.638**	−8.624*	1.576	1.506
	(1.306)	(5.107)	(1.671)	(2.170)
HHI	−14.780	−49.360	−31.020	5.970
	(18.760)	(61.140)	(23.210)	(34.120)
CYJJ	−6.630	−53.870	−15.290	−0.555
	(10.600)	(35.520)	(16.110)	(16.040)
常数项	−1.106	93.380**	4.972	2.892
	(8.703)	(44.530)	(11.120)	(18.840)
Year	控制	控制	控制	控制
City	控制	控制	控制	控制
N	1 440	175	543	536
R^2	0.665	0.808	0.474	0.766

注:括号内为 t 值,标准误经公司层面聚类调整;***、**、*分别表示在1%、5%和10%的统计水平上显著。

同时,我们将事务所总收入按升序排序后三等分,分为三个样本子集,选取总收入最小和最大的两个样本子集来检验事务所规模对内部薪酬差距与事务所业绩间关系的调节影响(见表5)。实证发现,在小规模所样本中内部薪酬差距与事务所业绩的显著负相关关系依然存在,而在大规模所样本中内部薪酬差距与事务所业绩不存在显著的负相关关系,表明事务所规模能够弱化内部薪酬差距对事务所业绩的负向激励效应。究其原因,一方面是小规模所的内部制度和激励机制缺失更严重、更不健全,薪酬差距使经理审计师难以形成稳定的晋升预期;另一方面是小规模所的合伙人更少,经理审计师晋升为合伙人的可能性更低。同时,在其他条件恒定的情况下,事务所业绩主要取决于合伙人规模,合伙人规模越小,对事务所业绩贡献就越小,这也是现实中小规模所难以发展壮大的内在原因之一。

进一步观察不同地区、不同规模事务所的业绩和效率的组间差异(见表6)发现,本土所的业绩(PERF1、PERF2)显著低于外来所,但本土所的效率(Crste、Scale)和内部薪酬差距(LPM1、LPM2)显著高于外来所;同样,小规模所的业绩(PERF1、PERF2)显著低于大规模所,小规模所的效率(Crste、Scale)和内部薪酬差距(LPM1、LPM2)显著高于大规模所。

表6 不同地区、不同规模的事务所业绩、效率及薪酬差距比较

类型	变量	观测值	均值	标准差	最小值	最大值	T值
本土所	PERF1	1 440	14.658	1.050	11.699	19.204	−28.434
外来所	PERF1	175	17.157	1.434	12.916	19.204	
本土所	PERF2	1 440	14.295	1.449	0.000	19.088	−20.897
外来所	PERF2	175	16.778	1.751	10.925	19.088	
本土所	Crste	1 440	0.732	0.149	0.412	1.000	2.867
外来所	Crste	175	0.696	0.206	0.412	1.000	
本土所	Scale	1 440	0.783	0.141	0.432	1.000	5.875
外来所	Scale	175	0.713	0.208	0.432	1.000	
本土所	LPM1	1 440	2.761	6.614	−12.950	12.893	10.674
外来所	LPM1	175	−2.907	6.794	−12.950	12.893	
本土所	LPM2	1 440	6.015	5.889	−11.277	14.270	5.473
外来所	LPM2	175	3.400	6.582	−11.277	14.270	
小规模所	PERF1	543	13.614	0.644	11.699	14.392	−58.738
大规模所	PERF1	536	16.360	1.077	15.254	19.204	
小规模所	PERF2	543	13.151	1.494	0.000	14.366	−37.650
大规模所	PERF2	536	16.045	1.159	12.994	19.088	

续表

类型	变量	观测值	均值	标准差	最小值	最大值	T值
小规模所	Crste	543	0.782	0.140	0.412	1.000	12.576
大规模所	Crste	536	0.685	0.171	0.412	1.000	
小规模所	Scale	543	0.845	0.121	0.432	1.000	17.723
大规模所	Scale	536	0.714	0.167	0.432	1.000	
小规模所	LPM1	543	3.424	6.670	−12.950	12.893	7.374
大规模所	LPM1	536	0.421	6.705	−12.950	12.893	
小规模所	LPM2	543	6.502	5.790	−11.277	14.270	4.681
大规模所	LPM2	536	4.817	6.036	−11.277	14.270	

合伙人在事务所内部属于"富贵"的群体,合伙人的薪酬水平可能影响内部薪酬差距与业绩之间的关系。为此,我们分别以合伙人平均薪酬和内部薪酬差距的中位数将样本分为两组,检验不同合伙人平均薪酬和内部薪酬差距水平下合-管薪酬差距对事务所业绩影响的差异。实证结果如表7和表8所示,在合伙人平均薪酬低样本组中薪酬差距对事务所业绩影响不显著,而在合伙人平均薪酬高样本组中薪酬差距对事务所业绩存在显著负向影响。相比于薪酬差距小样本组,薪酬差距大样本组的薪酬差距与事务所业绩的负相关关系更显著。综上表明在合伙人平均薪酬水平低或薪酬差距小时,适度扩大薪酬差距对事务所业绩不存在显著影响;而在合伙人平均薪酬水平高或薪酬差距大的情况下,继续扩大薪酬差距将不利于事务所业绩的提升。这一证据进一步验证了薪酬差距过大对经理审计师存在负向激励的社会比较理论的预期。

表7 不同合伙人平均薪酬水平下合-管薪酬差距与事务所业绩

变量	PERF1			
	平均薪酬低	平均薪酬高	平均薪酬低	平均薪酬高
LPM1	−0.005	−0.017***		
	(0.004)	(0.004)		
LPM2			0.001	−0.012***
			(0.004)	(0.004)
QSB	2.062***	1.992***	2.075***	1.947***
	(0.189)	(0.382)	(0.190)	(0.389)
Org_form	−0.941***	−0.974***	−0.939***	−0.972***
	(0.074)	(0.059)	(0.073)	(0.059)
Divisions	−0.760***	−1.014***	−0.758***	−0.967***
	(0.134)	(0.327)	(0.135)	(0.335)

续表

变量	PERF1			
	平均薪酬低	平均薪酬高	平均薪酬低	平均薪酬高
Big50	1.769***	1.415***	1.774***	1.435***
	(0.123)	(0.096)	(0.123)	(0.096)
Partner_g	−6.007***	−5.035***	−6.113***	−5.129***
	(0.353)	(0.398)	(0.343)	(0.402)
CPA_g	−0.063	0.060	−0.048	0.080
	(0.274)	(0.276)	(0.276)	(0.278)
Busi_con	0.552***	0.408***	0.546***	0.412***
	(0.161)	(0.145)	(0.162)	(0.146)
GDP	2.715	2.061	2.671	2.120
	(2.215)	(1.614)	(2.221)	(1.621)
HHI	−11.030	−5.042	−10.930	−3.273
	(28.390)	(24.060)	(28.530)	(24.200)
CYJJ	−6.683	−9.046	−6.746	−8.219
	(16.200)	(13.630)	(16.290)	(13.730)
常数项	−1.705	2.481	−1.432	2.065
	(14.750)	(10.770)	(14.790)	(10.820)
Year	控制	控制	控制	控制
City	控制	控制	控制	控制
N	753	778	753	778
R^2	0.811	0.747	0.811	0.744

注:括号内为 t 值,标准误经公司层面聚类调整;***、**、*分别表示在1%、5%和10%的统计水平上显著。

表8 不同内部薪酬差距水平下合-管薪酬差距与事务所业绩

变量	PERF1			
	薪酬差距小	薪酬差距大	薪酬差距小	薪酬差距大
LPM1	−0.008	−0.011***		
	(0.008)	(0.004)		
LPM2			−0.021*	−0.024**
			(0.011)	(0.012)
QSB	2.139***	1.940***	2.024***	1.856***
	(0.300)	(0.215)	(0.187)	(0.342)
Org_form	−0.968***	−0.946***	−0.863***	−1.041***
	(0.104)	(0.050)	(0.071)	(0.056)

续表

变量	PERF1			
	薪酬差距小	薪酬差距大	薪酬差距小	薪酬差距大
Divisions	−0.867***	−0.853***	−0.904***	−0.629***
	(0.230)	(0.159)	(0.161)	(0.200)
Big50	1.704***	1.550***	1.535***	1.730***
	(0.138)	(0.095)	(0.084)	(0.176)
Partner_g	−5.511***	−5.700***	−6.210***	−5.403***
	(0.624)	(0.272)	(0.480)	(0.308)
CPA_g	−0.352	−0.077	−0.128	−0.214
	(0.355)	(0.231)	(0.276)	(0.271)
Busi_con	0.309	0.595***	0.480***	0.531***
	(0.188)	(0.141)	(0.146)	(0.169)
GDP	2.810	2.891*	2.476	3.264*
	(2.405)	(1.571)	(1.894)	(1.801)
HHI	39.600	−19.610	29.040	−27.720
	(31.400)	(22.040)	(24.660)	(26.500)
CYJJ	24.570	−13.510	15.670	−18.220
	(20.050)	(12.360)	(14.300)	(15.090)
常数项	−2.754	−2.789	−0.627	−5.504
	(16.070)	(10.470)	(12.640)	(12.000)
Year	控制	控制	控制	控制
City	控制	控制	控制	控制
N	502	1 113	807	808
R^2	0.800	0.762	0.781	0.754

注：括号内为 t 值，标准误经公司层面聚类调整；***、**、*分别表示在1%、5%和10%的统计水平上显著。

2. 假设2的回归结果分析

我们对模型(2)进行分年度、分城市 Tobit 回归的结果如表9所示，内部薪酬差距(LPM1、LPM2)与事务所效率(Crste、Scale)都存在显著的正相关关系。这意味着内部薪酬差距越大，事务所效率越高，表明内部薪酬差距对合伙人有显著的正向激励效应，验证了假设2。

表 9 合-管薪酬差距与事务所效率

变量	Crste	Crste	Scale	Scale
LPM1	0.002***		0.001***	
	(0.001)		(0.001)	
LPM2		0.001**		0.001**
		(0.001)		(0.001)
QSB	−0.208***	−0.202***	−0.213***	−0.207***
	(0.028)	(0.028)	(0.027)	(0.027)
Org_form	0.106***	0.105***	0.113***	0.112***
	(0.009)	(0.009)	(0.009)	(0.009)
Divisions	0.202***	0.194***	0.189***	0.182***
	(0.024)	(0.024)	(0.023)	(0.023)
Big50	−0.103***	−0.104***	−0.125***	−0.126***
	(0.016)	(0.016)	(0.015)	(0.015)
Partner_g	0.030	0.041	0.115**	0.125***
	(0.049)	(0.049)	(0.047)	(0.047)
CPA_g	0.100***	0.101***	0.099***	0.101***
	(0.035)	(0.035)	(0.033)	(0.033)
Busi_con	−0.058***	−0.058***	−0.071***	−0.071***
	(0.019)	(0.019)	(0.018)	(0.018)
GDP	−0.010	−0.007	−0.222	−0.220
	(0.287)	(0.288)	(0.275)	(0.275)
HHI	−2.152	−2.411	−1.671	−1.916
	(3.690)	(3.693)	(3.542)	(3.543)
CYJJ	−4.810**	−4.867**	−4.416**	−4.470**
	(2.192)	(2.194)	(2.099)	(2.100)
常数项	0.723	0.706	2.164	2.149
	(1.915)	(1.917)	(1.832)	(1.833)
Year	控制	控制	控制	控制
City	控制	控制	控制	控制
N	1 615	1 615	1 615	1 615
Pseudo R^2	−0.673	−0.670	−0.972	−0.968

注:括号内为 t 值,标准误经公司层面聚类调整;***、**、*分别表示在1%、5%和10%的统计水平上显著。

五、稳健性和内生性讨论

为了保证研究结果更可靠,本文从以下方面改进研究设计,测试稳健性与内生性:

第一,参考黎文靖和胡玉明(2012)的做法,本文分别考察了合伙人和经理审计师的薪酬业绩敏感性,检验结果(见表 10 和表 11)显示,经理审计师薪酬与事务所业绩显著正相关,而合伙人薪酬与事务所业绩不显著正相关,表明经理审计师的薪酬业绩敏感性更高。一方面,内部薪酬差距对经理审计师的激励作用要大于对合伙人的激励作用;另一方面,内部薪酬差距与事务所业绩之间并不存在天然的正相关关系。经理审计师的薪酬对事务所业绩具有天然的敏感性,但由于存在社会比较行为,导致这种敏感性并不一定使薪酬差距对经理审计师产生正向的激励作用(黎文靖和胡玉明,2012)。这支持了本文深入考察事务所薪酬差距对合伙人和经理审计师具有不同激励效应的必要性。

表 10 合伙人与经理审计师的薪酬业绩敏感性分析

变量	合伙人平均薪酬		经理审计师平均薪酬	
	LnPP2	LnPP2	LnMP1	LnMP1
PERF1	0.013		0.674***	
	(0.090)		(0.165)	
PERF2		0.033		0.464***
		(0.061)		(0.070)
QSB	0.634	0.602	1.465*	1.896**
	(0.406)	(0.396)	(0.868)	(0.820)
Org_form	−0.483***	−0.466***	−0.117	−0.350
	(0.128)	(0.109)	(0.338)	(0.300)
Divisions	−0.267	−0.253	−0.985	−1.145*
	(0.358)	(0.353)	(0.660)	(0.652)
Big50	0.105	0.066	0.493	0.778
	(0.253)	(0.244)	(0.553)	(0.502)
Partner_g	−4.586***	−4.462***	−11.300***	−12.410***
	(0.776)	(0.650)	(1.695)	(1.476)
CPA_g	3.664***	3.654***	4.919***	4.770***
	(0.442)	(0.448)	(1.089)	(1.093)

续表

变量	合伙人平均薪酬		经理审计师平均薪酬	
	LnPP2	LnPP2	LnMP1	LnMP1
Busi_con	0.570*	0.461	−0.950	−2.230***
	(0.321)	(0.365)	(0.585)	(0.671)
GDP	1.064	1.036	−1.668	−1.591
	(2.413)	(2.419)	(5.995)	(5.989)
HHI	50.330	51.460	−19.750	−4.729
	(64.570)	(64.520)	(108.800)	(108.600)
CYJJ	4.806	4.839	1.064	0.535
	(12.240)	(12.240)	(26.140)	(26.080)
常数项	3.948	3.898	7.367	11.600
	(15.910)	(15.850)	(39.360)	(39.300)
Year	控制	控制	控制	控制
City	控制	控制	控制	控制
N	2 171	2 171	2 171	2 171
R^2	0.068	0.068	0.156	0.158

注：括号内为 t 值，标准误经公司层面聚类调整；***、**、*分别表示在1%、5%和10%的统计水平上显著。

表11 不同薪酬差距下合伙人的薪酬业绩敏感性

变量	薪酬差距小	薪酬差距大	薪酬差距小	薪酬差距大
	LnPP2	LnPP2	LnPP2	LnPP2
PERF1	−0.117	0.170**		
	(0.191)	(0.086)		
PERF2			−0.144	0.107*
			(0.139)	(0.056)
QSB	0.753	0.767*	0.848	0.887**
	(0.985)	(0.397)	(0.970)	(0.385)
Org_form	−0.971***	−0.170	−1.007***	−0.250**
	(0.262)	(0.143)	(0.256)	(0.123)
Divisions	−0.825	0.086	−0.892	0.043
	(0.925)	(0.307)	(0.924)	(0.305)
Big50	0.439	−0.278	0.487	−0.187
	(0.385)	(0.378)	(0.345)	(0.358)

续表

变量	薪酬差距小 LnPP2	薪酬差距大 LnPP2	薪酬差距小 LnPP2	薪酬差距大 LnPP2
Partner_g	−6.334***	−3.644***	−6.593***	−3.990***
	(1.904)	(0.713)	(1.774)	(0.667)
CPA_g	5.066***	2.865***	5.093***	2.825***
	(0.886)	(0.474)	(0.899)	(0.479)
Busi_con	0.818	0.333	1.143	−0.009
	(0.656)	(0.341)	(0.787)	(0.350)
GDP	−2.208	2.901	−2.198	2.835
	(7.996)	(2.298)	(8.000)	(2.303)
HHI	−3.004	55.120	−1.756	61.510
	(119.100)	(46.830)	(118.900)	(45.750)
CYJJ	−38.540	−4.395	−38.550	−4.529
	(68.200)	(12.240)	(68.160)	(12.250)
常数项	27.590	−10.300	27.700	−8.466
	(53.520)	(14.940)	(53.540)	(15.020)
Year	控制	控制	控制	控制
City	控制	控制	控制	控制
N	807	1 364	807	1 364
R^2	0.083	0.114	0.083	0.116

注：括号内为 t 值，标准误经公司层面聚类调整；***、**、*分别表示在1%、5%和10%的统计水平上显著。

第二，本文的解释变量——合-管薪酬差距采用滞后1期，考察薪酬差距对事务所未来业绩和经营效率的影响，直接化解黎文靖和胡玉明（2012）所提到的可能存在的反向因果问题。

第三，我们分别采用代表两种不同薪酬分配制度的薪酬差距衡量指标、两种不同的事务所经济效益指标，以及两种不同的事务所经营效率指标，结果保持稳健。

第四，为了避免地区因素对本文结果的影响，参考黎文靖和胡玉明（2012）的做法，所有回归分析均控制会计师事务所所在城市的固定效应，结果保持稳健。

第五，我们运用投入导向的DEA-CCR模型代替产出导向的DEA-BCC模型（Banker et al.，1984），重新测算不可变规模报酬下的事务所技术效率（TE），作为后续Tobit回归的被解释变量，回归结果与产出导向的分析结果完全一致（见表12）。

表 12 合-管薪酬差距与投入导向的事务所效率

变量	TE	TE
LPM1	0.002***	
	(0.001)	
LPM2		0.001**
		(0.001)
QSB	−0.208***	−0.202***
	(0.028)	(0.029)
Org_form	0.106***	0.105***
	(0.009)	(0.009)
Divisions	0.201***	0.194***
	(0.024)	(0.024)
Big50	−0.103***	−0.104***
	(0.016)	(0.016)
Partner_g	0.031	0.041
	(0.049)	(0.049)
CPA_g	0.100***	0.101***
	(0.035)	(0.035)
Busi_con	−0.058***	−0.058***
	(0.019)	(0.019)
GDP	−0.010	−0.007
	(0.287)	(0.288)
HHI	−2.159	−2.411
	(3.691)	(3.693)
CYJJ	−4.811**	−4.867**
	(2.192)	(2.194)
常数项	0.724	0.706
	(1.916)	(1.917)
Year	控制	控制
City	控制	控制
N	1 615	1 615
Pseudo R^2	−0.6725	−0.6699

注：括号内为 t 值，标准误经公司层面聚类调整；***、**、* 分别表示在 1%、5% 和 10% 的统计水平上显著。

第六，参考周黎安和陶婧（2009）、梁彤缨等（2013）的做法，分别以滞后 2 期的薪酬差距和滞后 1 期的城市、年度均值的薪酬差距作为工具变量，构建两阶段回归模型。

第一阶段：

$$\text{LPM\_e1(LPM\_e2)} = \alpha_0 + \alpha_1 \text{PM1\_m(PM2\_m)} + \alpha_2 \text{PERF1} + \sum \text{Controlvias} + \sum \text{Year} + \sum \text{City} + \varepsilon$$

其中，PM1_m为滞后1期的合伙人薪酬仅包含固定薪酬的城市、年度合-管薪酬差距均值，LPM_e1为第一阶段模型的估计值；PM2_m为滞后1期的合伙人薪酬包含固定薪酬和可变薪酬的城市、年度合-管薪酬差距均值，LPM_e2为第一阶段模型的估计值。其他解释变量均为滞后1期的相应变量。

$$\text{lag\_LPM1(lag\_LPM2)} = \alpha_0 + \alpha_1 \text{PERF} + \sum \text{Controlvias} + \sum \text{Year} + \sum \text{City} + \varepsilon$$

其中，lag_LPM1为滞后2期的合伙人薪酬仅包含固定薪酬的合-管薪酬差距，lag_LPM2为滞后2期的合伙人薪酬包含固定薪酬和可变薪酬的合-管薪酬差距；各个解释变量也是滞后2期的相应变量。

第二阶段：

$$\text{PERF} = \alpha_0 + \alpha_1 \text{PM} + \sum \text{Controlvias} + \sum \text{Year} + \sum \text{City} + \varepsilon$$

$$\text{Crste} = \alpha_0 + \alpha_1 \text{PM} + \sum \text{Controlvias} + \sum \text{Year} + \sum \text{City} + \varepsilon$$

其中，PERF是会计师事务所业绩的统称，包括PERF1和PERF2；受篇幅限制，本文仅展示PERF1为被解释变量的回归结果；PM是合-管薪酬差距的统称，包括LPM_e1、LPM_e2、lag_LPM1、lag_LPM2。

表13的回归结果显示，运用工具变量方法估计得到的解释变量(LPM_e1、LPM_e2、lag_LPM1、lag_LPM2)与被解释变量(PERF1)的回归系数显著为负，表明合-管薪酬差距负向激励事务所业绩，回归结果支持假设1。同样，运用工具变量方法估计得到的解释变量(LPM_e1、LPM_e2、lag_LPM1、lag_LPM2)与被解释变量(Crste)的回归系数显著为正，表明合-管薪酬差距正向激励事务所效率，回归结果支持假设2。

表13 内部薪酬差距对事务所业绩和效率影响的两阶段回归

变量	PERF1	PERF1	PERF1	PERF1	Crste	Crste	Crste	Crste
LPM_e1	−0.591***				0.024***			
	(0.056)				(0.004)			
LPM_e2		−0.530***				0.022***		
		(0.047)				(0.005)		

续表

变量	PERF1	PERF1	PERF1	PERF1	Crste	Crste	Crste	Crste
lag_LPM1			−0.008**				0.002***	
			(0.003)				(0.001)	
lag_LPM2				−0.005				0.001**
				(0.003)				(0.001)
QSB	3.190***	0.715***	2.307***	2.277***	−0.237***	−0.138***	−0.261***	−0.254***
	(0.154)	(0.171)	(0.152)	(0.153)	(0.029)	(0.030)	(0.033)	(0.033)
Org_form	−1.174***	−0.765***	−1.013***	−1.008***	0.116***	0.099***	0.096***	0.095***
	(0.037)	(0.040)	(0.051)	(0.051)	(0.009)	(0.009)	(0.010)	(0.010)
Divisions	−2.885***	−0.055	−0.919***	−0.879***	0.278***	0.164***	0.210***	0.202***
	(0.215)	(0.125)	(0.118)	(0.119)	(0.029)	(0.025)	(0.026)	(0.026)
Big50	0.275**	0.751***	1.483***	1.490***	−0.057***	−0.075***	−0.049**	−0.049***
	(0.131)	(0.095)	(0.086)	(0.086)	(0.018)	(0.018)	(0.019)	(0.019)
Partner_g	1.699**	−1.697***	−5.916***	−5.974***	−0.225***	−0.097	0.079	0.088*
	(0.710)	(0.412)	(0.263)	(0.262)	(0.074)	(0.064)	(0.053)	(0.053)
CPA_g	0.124	−0.514***	−0.205	−0.224	0.077**	0.104***	0.062	0.067*
	(0.123)	(0.150)	(0.209)	(0.21)	(0.034)	(0.034)	(0.039)	(0.039)
Busi_con	0.860***	0.949***	0.423***	0.421***	−0.067***	−0.071***	−0.039*	−0.039*
	(0.069)	(0.089)	(0.128)	(0.129)	(0.019)	(0.019)	(0.020)	(0.020)
GDP	0.429	−0.099	1.442	1.499	0.193	0.219	0.158	0.153
	(1.117)	(1.201)	(3.022)	(3.036)	(0.285)	(0.287)	(0.544)	(0.545)
HHI	−112.300***	5.514	−10.780	−9.440	1.302	−3.344	−0.590	−0.816
	(22.200)	(16.900)	(22.000)	(21.990)	(3.725)	(3.635)	(3.814)	(3.818)
CYJJ	−7.068	10.860	−5.495	−5.670	−4.483**	−5.198**	−3.216	−3.167
	(8.716)	(9.565)	(11.960)	(11.970)	(2.157)	(2.168)	(2.370)	(2.373)
常数项	15.750**	19.390**	6.636	6.246	−0.723	−0.905	−0.423	−0.393
	(7.392)	(8.028)	(20.360)	(20.450)	(1.903)	(1.918)	(3.665)	(3.671)
Year	控制	控制	控制	控制	控制	控制	控制	控制
City	控制	控制	控制	控制	控制	控制	控制	控制
N	1 615	1 615	1 111	1 111	1 615	1 615	1 111	1 111
R^2	0.880	0.830	0.788	0.787				
Pseudo R^2					−0.688	−0.676	−0.695	−0.691

注：括号内为 t 值，标准误经公司层面聚类调整；***、**、*分别表示在1%、5%和10%的统计水平上显著。

六、进一步讨论

既然内部薪酬差距正向激励了合伙人、负向激励了经理审计师,为何内部薪酬差距无法带来更高的事务所业绩水平?按照社会比较理论的预期,在内部激励机制不完善的情况下,内部薪酬差距过大会降低团队内部的合作意愿,从而降低组织的业绩水平。从合伙人对业绩的主导作用来看,对合伙人的正向激励应当能够带来更高的业绩水平。但是,由于存在内部薪酬差距对经理审计师的负向激励作用,抵消甚至超过其对合伙人的正向激励作用,从而导致内部薪酬差距与事务所业绩显著负相关的结果。这一结论从合伙人薪酬业绩敏感性和经理审计师薪酬业绩敏感性检验结果得到进一步佐证。

此外,审计市场是一个零和市场,事务所的业务收入规模受制于激烈的市场竞争,作为所有者和经营者的合伙人在努力对外拓展业务的同时,更注重对内控制成本,努力做到既定产出水平下投入最小化,从而实现经营效率的提升。显然,对于以人力成本为主要成本构成的会计师事务所而言,降低员工的薪酬成本是非常容易实现且有效的方法。而效率工资理论表明,低薪酬将降低会计师事务所吸引和留住优秀审计师的能力,最终损害审计绩效(郭弘卿等,2011)。表14展示了事务所效率与事务所业绩之间关系的回归结果,结果显示,事务所综合效率(Crste)和事务所配置效率(Scale)显著降低了事务所业绩(PERF1)。以上分析表明,尽管内部薪酬差距激励合伙人提升事务所效率,但效率的提升并不意味着业绩水平也会同步提升;同时还表明,当前我国会计师事务所在提升效率和经营发展过程中选择了对内控制成本的内卷式发展模式,而不是监管部门所期待的提质增效的高质量发展模式。

表 14 事务所效率与事务所业绩的关系

变量	PERF1	PERF1	PERF1	PERF1
Crste	−0.738***	−0.750***		
	(0.135)	(0.136)		
Scale			−1.281***	−1.292***
			(0.146)	(0.146)
LPM1	−0.009***		−0.008***	
	(0.003)		(0.003)	
LPM2		−0.006**		−0.006*
		(0.003)		(0.003)

续表

变量	PERF1	PERF1	PERF1	PERF1
QSB	1.838***	1.803***	1.740***	1.707***
	(0.166)	(0.168)	(0.164)	(0.165)
Org_form	−0.887***	−0.880***	−0.833***	−0.827***
	(0.046)	(0.046)	(0.045)	(0.046)
Divisions	−0.675***	−0.632***	−0.601***	−0.561***
	(0.129)	(0.131)	(0.130)	(0.132)
Big50	1.527***	1.536***	1.443***	1.452***
	(0.070)	(0.070)	(0.068)	(0.068)
Partner_g	−5.556***	−5.629***	−5.493***	−5.563***
	(0.244)	(0.243)	(0.244)	(0.243)
CPA_g	−0.109	−0.115	−0.049	−0.054
	(0.186)	(0.187)	(0.183)	(0.184)
Busi_con	0.459***	0.458***	0.419***	0.418***
	(0.110)	(0.110)	(0.106)	(0.107)
GDP	2.779**	2.767**	2.480*	2.467*
	(1.302)	(1.304)	(1.271)	(1.274)
HHI	−1.101	0.345	−1.331	0.045
	(18.670)	(18.670)	(18.130)	(18.130)
CYJJ	−6.787	−6.512	−8.794	−8.526
	(10.410)	(10.430)	(10.130)	(10.160)
常数项	−1.716	−1.638	0.680	0.765
	(8.686)	(8.699)	(8.487)	(8.501)
Year	控制	控制	控制	控制
City	控制	控制	控制	控制
N	1 615	1 615	1 615	1 615
R^2	0.776	0.775	0.784	0.783

注：括号内为 t 值，标准误经公司层面聚类调整；***、**、*分别表示在1％、5％和10％的统计水平上显著。

什么原因导致事务所内部薪酬差距过大？如前所述，会计师事务所内部薪酬差距不断扩大可能并不是最优薪酬契约设计的结果，而可能是组织权力过于集中于某一部分行为主体所致（方军雄，2011；黎文靖和胡玉明，2012）。由于合伙人兼具所有者和经营者的双重角色，合伙人在事务所内部拥有很大的权力，我们称之为合伙人权力。合伙人和经理审计师都是事务所中非常重要的知识型、专业型人才，他们在事务所收益分配谈判与博弈的过程中都希望获得更大的收益份额。显然，合伙人相对规模越大，合伙人权力就越大，合伙人在与经理审计师的薪酬博弈中将占据越有利的地位,从而制定有利于合伙人薪酬分配方案的可能性越大。参考管理层权力影响薪酬契约的有关研究,我们以合伙人相对规模(Partner_g)来构造、衡量合伙人权力,合伙人相对规模越大,意味着合伙人权力越大,事务所内部薪酬差距可能越大。实证结果如表15所示,Partner_g与内部薪酬差距显著正相关,验证了我们关于合伙人权力对内部薪酬差距正向影响的预期,也与关于管理层权力与内部薪酬差距之间关系的证据相一致(方军雄,2011;黎文靖和胡玉明,2012)。

表15 合伙人权力与内部薪酬差距

变量	LPM1	LPM2
Partner_g	14.260***	8.777***
	(2.110)	(1.805)
QSB	2.223**	−2.307**
	(1.026)	(1.058)
Org_form	−0.329	0.413
	(0.350)	(0.361)
Divisions	−3.692***	1.378
	(0.765)	(0.838)
Big50	−2.345***	−1.634***
	(0.648)	(0.589)
CPA_g	0.158	−0.969
	(1.595)	(1.389)
Busi_con	0.663	0.896
	(0.842)	(0.788)
GDP	−1.070	−3.304
	(11.990)	(11.470)
HHI	−143.600	39.600
	(160.300)	(157.500)
CYJJ	−35.260	5.301
	(94.560)	(92.760)
常数项	11.060	26.450
	(79.880)	(76.430)
Year	控制	控制
City	控制	控制
N	1 615	1 615
R^2	0.237	0.109

注:括号内为 t 值,标准误经公司层面聚类调整;***、**、*分别表示在1%、5%和10%的统计水平上显著。

七、结论与讨论

本文利用经营实体层面独特的会计师事务所财务报表数据,探索两种不同薪酬分配制度下会计师事务所合伙人与经理审计师之间的薪酬差距对事务所业绩和效率的影响,并进一步分析内部薪酬差距对合伙人和经理审计师的激励效应差异,以厘清事务所内部薪酬差距影响事务所业绩和效率的内在机理。研究发现,内部薪酬差距与事务所业绩显著负相关,且这种负相关关系在内部制度及激励机制较弱的本土所、小规模所中更加明显,在合伙人平均薪酬较高和内部薪酬差距较大时更加明显。这些证据表明,内部薪酬差距对经理审计师存在负向激励作用,特别是在那些规模小、内部制度与激励机制不健全的事务所,以及合伙人薪酬水平较高和内部薪酬差距较大时,这种负向激励作用对提升事务所业绩更为不利,符合社会比较理论的预期。研究还发现,随着内部薪酬差距的扩大,事务所效率显著提升,表明内部薪酬差距正向激励兼具所有者和经营者双重角色的合伙人。进一步研究发现,事务所效率的提升并不能带来更高的事务所业绩水平,这一证据在一定程度上反映了当前我国会计师事务所内卷式的发展模式现状;与此同时,事务所内部薪酬差距并不是最优薪酬契约设计的结果,而是合伙人在与经理审计师薪酬博弈过程中拥有更大的合伙人权力的结果。

本文虽然在研究会计师事务所内部薪酬差距的激励效应方面做出了开创性贡献,但还存在更深层次的问题有待进一步解决。比如,内部薪酬差距对合伙人的正向激励作用在什么情况下才可能抵消甚至超过对经理审计师的负向激励作用?什么样的薪酬契约设计才能兼顾事务所业绩增长与效率提升?这些问题即使在一般企业组织领域的研究中也没有得到相应的关注和理论解释,有待进一步深入研究。本文的研究可能有以下现实意义:第一,合伙人作为一个特殊的群体,其在会计师事务所内部的收入分配制度和形式远比我们想象的复杂,这个"黑匣子"有待进一步打开;第二,如何设计最优的事务所薪酬契约,关系到事务所提升业绩水平、做大规模,也关系到事务所提升效率、增强实力;第三,内部薪酬差距对合伙人和经理审计师的激励效应存在差异,监管者应当防范事务所内部薪酬差距过大对合伙人的正向激励,防止合伙人采用减少人力资本的内卷式发展模式损害审计质量。

参考文献

陈波,2013.我国会计师事务所内部治理水平及其影响因素研究:基于问卷调查数据和因子分析方法[J].中国注册会计师(7):64-71.

陈丁,张顺,2010.薪酬差距与企业绩效的倒U型关系研究:理论模型与实证探索[J].南开经济研究(5):35-45.

陈冬华,范从来,沈永建,2015.高管与员工:激励有效性之比较与互动[J].管理世界(5):160-171.

邓川,2012.会计师事务所合伙人退出机制探讨[J].中国注册会计师(11):73-76.

邓川,2013.会计师事务所合伙人的薪酬设计研究[J].中国注册会计师(12):36-42.

方军雄,2011.高管权力与企业薪酬变动的非对称性[J].经济研究(4):107-120.

高良谋,卢建词,2015.内部薪酬差距的非对称激励效应研究:基于制造业企业数据的门限面板模型[J].中国工业经济(8):114-129.

郭弘卿,郑育书,林美凤,2011.会计师事务所人力资本与薪资对其经营绩效之影响[J].会计研究(9):80-88.

贺伟,龙立荣,2011.实际收入水平、收入内部比较与员工薪酬满意度的关系:传统性和部门规模的调节作用[J].管理世界(4):98-110.

洪银兴,2016.准确认识供给侧结构性改革的目标和任务[J].中国工业经济(6):14-21.

胡寄窗,1988.1870年以来的西方经济学说[M].北京:经济科学出版社.

黄琳琳,张立民,2016.会计师事务所内部治理机制具体制度设计:一个文献综述[J].中国注册会计师(9):30-36.

黎文靖,胡玉明,2012.国企内部薪酬差距激励了谁[J].经济研究(12):125-136.

李绍龙,龙立荣,贺伟,2012.高管团队薪酬差异与企业绩效关系研究:行业特征的跨层调节作用[J].南开管理评论(4):55-65.

梁彤缨,陈波,陈欣,2013.高管团队内部薪酬差距与公司绩效:基于不同薪酬水平作用下的实证研究[J].广东财经大学学报(5):57-64.

刘世锦,2017.推动经济发展质量变革、效率变革、动力变革[J].中国发展观察(21):5-9.

刘张发,田存志,张潇,2017.国有企业内部薪酬差距影响生产效率吗[J].经济学动态(11):46-57.

缪毅,胡奕明,2014.产权性质、薪酬差距与晋升激励[J].南开管理评论(4):4-12.

谭宪才,2007.从职业特征看会计师事务所内部治理[J].中国注册会计师(5):69-70.

王永乐,吴继忠,2010.中华文化背景下薪酬差距对我国企业绩效的影响:兼对锦标赛理论和行为理论适用对象的确认[J].当代财经(9):59-64.

卫旭华,刘咏梅,2016.高管团队子群体薪酬不平等对企业绩效的影响[J].财贸研究(1):115-122.

吴溪,陈梦,2012.会计师事务所的内部治理:理论、原则及其对发展战略的含义[J].审计研究(3):76-82.

徐淋,刘春林,杨昕悦,2015.高层管理团队薪酬差异对公司绩效的影响:基于环境不确定性的调节作用[J].经济管理(4):61-70.

杨世信,刘运国,蔡祥,2018.组织特征与会计师事务所效率实证研究:基于事务所微观层面的数据[J].审计研究(1):111-119.

杨志强,王华,2014.公司内部薪酬差距、股权集中度与盈余管理行为:基于高管团队内和高管与员工之间薪酬的比较分析[J].会计研究(6):57-66.

周黎安,陶婧,2009.政府规模、市场化与地区腐败问题研究[J].经济研究(1):57-69.

周泽将,马静,胡刘芬,2018.高管薪酬激励体系设计中的风险补偿效应研究[J].中国工业经济(12):152-169.

AFM (Autoriteit Financiele Markten),2014. Findings on research on the quality of mandatory audits of Big Four Organizations[ER/OL]. [2018-10-15]. https://www.afm.nl/...rapporten/2014/onderzoek-controles-big4.as.

BANKER R D, CHARNES A, COOPER W W,1984. Some models for estimating technical and scale inefficiencies in data envelopment analysis[J]. Management science, 30(9): 1078-1092.

BRENK H, MAJOOR B, WRIGHT A M,2020. The effects of profit-sharing plans, client importance, and reinforcement sensitivity on audit quality[J]. Auditing: a journal of practice & theory,40(1): 107-131.

BREUNIG R,GARRETT-RUMBA B,JAEDIN M, et al., 2014. Wage dispersion and team performance: a theoretical model and evidence from baseball[J]. Applied economics, 46(3): 271-281.

BRIAN L C,TIHANYI L,CROOK T R,et al., 2014. Tournament theory: thirty years of contests and competitions[J]. Journal of management, 40(1): 16-47.

CARPENTER M A, SANDERS W G,2004.The effects of top management team pay and firm internationalization on MNC performance[J]. Journal of management, 30(4): 509-528.

DEFOND M L, ZHANG J,2014. A review of archival auditing research[J]. Journal of accounting and economics, 58(2/3): 275-326.

ERNSTBERGER J, KOCH C, SCHREIBER E M, et al., 2020. Are audit firms' compensation policies associated with audit quality[J]. Contemporary accounting research, 37(1): 218-244.

FALEYE O, REIS E, VENKATESWARAN A,2013. The determinants and effects of CEO-employee pay ratios[J]. Journal of banking & finance, 37(8): 3258-3272.

FIRTH M, LEUNG T Y, RUI O M, et al., 2015. Relative pay and its effects on firm efficiency in a transitional economy[J]. Journal of economic behavior & organization, 110: 59-77.

GREENWOOD R, EMPSON L,2003. The professional partnership: relic or exemplary form of governance[J]. Organization studies, 24(6): 909-933.

GREENWOOD R,RAYNARD M,KODEIH F,et al.,2011. Institutional complexity and organizational responses[J]. Academy of management annals, 5(1): 317-371.

HOOPES J L, MERKLEY K J, PACELLI J, et al., 2018. Audit personnel salaries and audit quality[J]. Review accounting studies, 23(3): 1096-1136.

HUDDART S, LIANG P J,2003. Accounting in partnerships[J]. American economic review, 93(2): 410-414.

HUDDART S, LIANG P J, 2005. Profit sharing and monitoring in partnerships[J]. Journal of accounting and economics, 40(1/3): 153-187.

IFIAR (International Forum of Independent Audit Regulators), 2017. Report on 2017 survey of inspection findings[ER/OL]. [2018-10-15]. https://www.ifar.org.

KOH C H, BOO E H, 2004. Organisational ethics and employee satisfaction and commitment[J]. Management decision, 42(5): 677-693.

LAZEAR E P, ROSEN S, 1981. Rank-order tournaments as optimum labor contracts[J]. Journal of political economy, 89(5): 841-864.

LEIBENSTEIN H, 1966. Allocative efficiency vs. X-efficiency[J]. American economic review, 56(3): 392-415.

PRUIJSSERS J L, HEUGENS P P, OOSTERHOUT J, 2020. Winning at a losing game? side-effects of perceived tournament promotion incentives in audit firms[J]. Journal of business ethics, 162: 149-167.

ROSEN S, 1986. Prizes and incentives in elimination tournaments[J]. American economic review, 76(4): 701-715.

SHAFER W E, 2008. Ethical climate in Chinese CPA firms[J]. Accounting, organizations and society, 33(7/8): 825-835.

SHAFER W E, 2015. Ethical climate, social responsibility, and earnings management[J]. Journal of business ethics, 126(1): 43-60.

SHAFER W E, POON M C, TJOSVOLD D, 2013. Ethical climate, goal interdependence, and commitment among Asian auditors[J]. Managerial auditing journal, 28(3): 217-244.

WILLIAMS M L, MCDANIEL M A, NGUYEN N T, 2006. A meta-analysis of the antecedents and consequences of pay level satisfaction[J]. Journal of applied psychology, 91(2): 392-413.

YANADORI Y, CUI V, 2013. Creating incentives for innovation? the relationship between pay dispersion in R&D groups and firm innovation performance[J]. Strategic management journal, 34(12): 1502-1511.

ZEFF S A, 2003a. How the U. S. accounting profession got where it is today: part I[J]. Accounting horizons, 17(3): 189-205.

ZEFF S A, 2003b. How the U. S. accounting profession got where it is today: part II[J]. Accounting horizons, 17(4): 267-286.

信用评级付费模式重要吗？基于债券信用评级的研究

陈关亭　朱　松　连立帅[*]

摘　要　债券信用评级中发行人付费模式与投资者付费模式孰优孰劣的问题是国内外持续争议的焦点。基于2007—2015年中国信用评级数据和发债融资数据，本文研究发现：对于相同对象，发行人付费模式下的信用评级明显高于投资者付费模式。通过度量信用评级偏差发现，两种模式分别存在评级高估偏差或低估偏差。在双重信用评级模式中，投资者付费模式带来的评级压力没有显著改变发行人付费模式的信用评级偏差，但是债券融资利率显著低于单一制的发行人付费模式下的债券融资利率，主要原因是双重信用评级提供了更多维度和内容含量的评级信息，因而能够更好地降低信息不对称和减少非道德问题。本文建议发债企业优选双重信用评级模式，必要时配合投资者付费模式的评级机构，并提示监管机构重视两种付费模式分别存在的评级高估或低估问题。

关键词　付费模式　信用评级　债券融资利率　双重信用评级

Is Payment Mode Important? Evidence from Credit Rating of Bond

GUANTING CHEN　SONG ZHU　LISHUAI LIAN

Abstract　The question that whether issuer-pay mode is better than investor-pay mode or not is controversial in theory and practice. Basing on the sample data of China's bond credit rating from 2007 to 2015, this paper finds that the credit rating for the same issuing firm given by the credit rating agency (CRA) with issuer-pay mode is significantly higher

---

[*] 陈关亭，清华大学经济管理学院、清华大学国有资产管理研究院；朱松、连立帅，华东师范大学经济与管理学部。通信作者：朱松；地址：上海市闵行区东川路500号；邮编：200241；E-mail：szhu@dbm.ecnu.edu.cn。本文得到国家自然科学基金项目（71372047）、教育部人文社会科学研究规划基金项目（18YJA630156）和北京市自然科学基金面上项目（9192017）的资助。当然，文责自负。

than that given by the CRA with investor-pay mode; By measuring the credit rating deviation, it is found that the issuer-pay mode and investor-pay mode has overestimation or underestimation respectively. In the sample with dual credit rating mode, the benchmarking rating pressure from the investor-pay mode does not significantly change the rating deviation under the issuer-pay mode, but the bond interest rate under dual credit rating mode is significantly lower than that under the single issuer-pay mode, mainly because the dual credit rating provides more dimensional and content information, which can better reduce information asymmetry and immoral problems. This paper suggests that bond issuers should choose the dual credit rating mode, cooperate with the rating agencies with investor-pay mode when necessary, and remind the regulators to pay attention to the problem of overestimation of ratings under the issuer-pay mode and underestimation of ratings under the investor-pay mode.

Key words　Payment Mode; Credit Rating; Bond Interest Rate; Dual Credit Rating

一、引　言

2014年"11超日债"宣告违约以来，截至2021年11月底我国相继发生了732起债券违约事件，涉及198家发债企业主体，这些企业中发行债券时主体评级为"AA—"及以上等级者高达约91%，其中不乏华晨、永煤等AAA级国有企业，由此信用评级机构被质疑高估了违约企业的信用评级水平。与我国的债券信用评级情况类似，美国信用评级机构也被认为高估了安然公司与次债危机中债券违约企业的信用评级水平（White，2010），其原因可能在一定程度上与信用评级的付费模式有关（Ponce，2012；Alp，2013）。因为发行人付费模式存在利用评级委托、费用定价和支付牟取较高信用评级水平的制度性缺陷，这为信用评级机构与发行人间的非道德交易提供了机会。投资者付费模式不存在信用评级机构与发行人的直接费用收付关系，从而抑制了利益关联所致的信用评级高估现象，但也失去了发行人对于提供"私有信息"的配合义务，从而可能降低信用评级的准确性。因此，关于信用评级付费模式的利弊，在次债危机后再度成为国外理论界和监管部门争论的焦点（Xia，2014）。我国信用评级机构在发展初期均采用发行人付费模式，鉴于该模式存在的利益冲突问题，2010年我国设立了采用投资者付费模式的中债资信评估有限责任公司（简称"中债资信"）[1]，目前

---

[1] 2010年9月29日，中国银行间市场交易商协会设立了中债资信评估有限责任公司。中债资信采用投资者付费模式，但与国外投资者付费模式并不完全相同，其实施主动评级或称公开评级（即未经发行人委托，主动基于受评对象的公开信息开展信用评级），提供的信用评级报告作为准公共产品，评级业务收入来自中国银行间市场交易商协会的会员服务费和投资者支付的评级报告使用费。

采用投资者付费模式的评级机构陆续扩展为4家。虽然目前投资者付费模式的评级市场份额不高,但是由于发行人和评级机构没有直接的经济利益绑定关系,因此评级机构迎合发行人预期的倾向随之下降,从而对发行人付费模式造成一定冲击。此外,2012年我国推出了由两家评级机构对同一发行人分别实施信用评级的双重信用评级模式。[2] 那么,在我国信用评级市场上,评级机构采用何种评级付费模式对发债企业的信用评级水平和债券融资利率有重要影响吗?

基于我国债券信用评级样本数据,本文研究发现:对于相同对象,两种付费模式下的信用评级水平存在明显差异,即发行人付费模式下的信用评级水平明显高于投资者付费模式下的信用评级水平。进一步度量信用评级偏差发现,两种付费模式分别存在评级高估偏差或低估偏差。在双重信用评级模式中,投资者付费模式带来的评级压力没有显著改变发行人付费模式的信用评级水平和信用评级偏差,不过双重信用评级模式下的债券融资利率显著低于发行人付费模式下的债券融资利率,主要原因是双重信用评级提供了更多维度和更具含量的信用信息,能够更好地降低信息不对称和减少非道德问题,更有利于降低发债企业的融资成本。因此,发债企业在取得投资者付费模式的主动评级后,有必要再委托发行人付费模式评级机构进行信用评级,反之亦然。

本文的贡献包括:第一,不同于以往研究仅关注付费模式对信用评级与债券利差的直接影响,本文进一步考察在投资者付费模式压力下信用评级付费模式对初始信用评级与债券利差的间接影响,发现发行人付费模式下的信用评级并没有明显趋向谨慎,嵌入投资者付费模式的双重信用评级能够明显降低债券融资利率;第二,不同于基于初始信用评级水平直接检验评级质量的研究方法,本文采用信用评级偏差和融资利率偏差分别度量信用评级和债券利差的不合理程度,发现发行人付费模式和投资者付费模式分别存在高估和低估发债企业信用评级水平的问题;第三,本文给出了发行人付费模式和投资者付费模式下信用评级差异的直接证据,研究结果可为评级付费模式的优选以及信用评级机构的分类监管实践提供有针对性的指导;第四,本文给出了在国内银行间市场投资者付费模式和发行人付费模式共存的合理性解释,为推广双重信用评级模式提供了经验证据的支持。

---

[2] 《中国人民银行、中国银行业监督管理委员会、财政部关于进一步扩大信贷资产证券化试点有关事项的通知》(银发〔2012〕127号)。

二、文献综述

投资者付费模式是信用评级行业发展初期所普遍采用的,但由于该模式下信用评级缺乏权威性,付费模式逐渐向发行人付费模式方向发展,最终演化为以发行人付费模式为主的两种模式共存情形。以美国为例,目前在美国证监会认可的 10 家全国性评级组织(NRSRO)中,7 家采用发行人付费模式(issuer-pay mode,简称 ISP 模式),3 家采用投资者付费模式(investor-pay mode,简称 INP 模式),前者占美国债券评级市场约 90% 的份额。

评级机构独立性及其对评级质量的影响,是国内外相关研究的重点。大量研究认为 ISP 模式存在评级机构与被评级企业通过评级收费进行利益交换的机会(Mathis et al.,2009;Bolton et al.,2012),有可能导致评级机构在信用评级意见形成过程中倾向于采纳对发行人有利的信息,减少甚至屏蔽不利信息,从而扭曲信用评级。Ponce(2012)采用理论模型研究认为,由于 ISP 模式存在利益交换问题,从 INP 模式转变为 ISP 模式会导致评级质量标准恶化至社会有效水平以下。在经验证据方面,Becker and Milbourn(2011)发现采用 ISP 模式的惠誉公司相对于采用 INP 模式的评级机构,其主体评级质量与信息含量均较低。Jiang et al.(2012)检验了标准普尔在 1974 年从 INP 模式转变为 ISP 模式后的评级情况,发现当标准普尔向投资者收费而穆迪向发行人收费时,标准普尔的信用评级水平低于穆迪,而标准普尔改为 ISP 模式后则给出明显偏高的信用评级水平。Xia and Strobl(2012)发现伊根-琼斯(采用 INP 模式)和标准普尔(改用 ISP 模式后)对于相同企业的信用评级存在显著差异,即标准普尔(改用 ISP 模式后)给出的信用评级水平显著偏高。Alp(2013)、Bonsall IV(2014)和 Berwart et al.(2016)也分别发现 ISP 模式下的信用评级更为宽松、乐观或存在虚高现象。但是,也有研究者发现 ISP 模式下的信用评级精确度更高且更稳定(Cheng and Neamtiu,2009)。

关于两种付费模式的评级及时性和预测准确性,也存在截然相反的研究观点。一种观点认为,ISP 模式下的潜在利益冲突可能影响信用评级调整的及时性,因此 INP 评级机构更可能及时更新信用评级(White,2010)。该观点得到了一系列经验证据的支持,如 Cornaggia and Cornaggia(2013)发现 ISP 模式下信用评级的及时性和预测准确性较差,尽管其波动性较小。Milidonis(2013)也发现 ISP 模式下的信用评级调整晚于 INP 模式,而且通过 INP 模式下的信用评级能够预测出 ISP 模式下的信用评级。相反的观点则认为,虽然 ISP 模式可能影响评级机构的独立性,不过 ISP 模式通过委托合约确定了评级机构与发债企业之间的信息使用权利和义务,使得评级机构能够更好地接触发债企业的非公开信息,并且获取的信息可靠性更高,因此可能形成具有更高信息含量的信用评级。例如,Cheng and Neamtiu(2009)发现 ISP 评级机构会在发债企业接近违约时提高债券评级的及时性,并且波动性较小。Bonsall IV(2014)发现 ISP 评级机构会更加准确和及时地预测企业的未来盈利情况及违约问题。Berwart et al.(2016)也发现 ISP 评级机构能够提高信用评级的及时性。

此外,部分研究考察了两种付费模式的相互关系及其对信用评级质量的影响。Johnson(2004)和 Beaver et al.(2006)发现 INP 模式下的信用评级调整会引发 ISP 评级机构调整其信用评级。因为 ISP 评级机构给予的信用评级水平如果高于 INP 评级机构,则可能被认为存在评级虚高问题而导致声誉受损(Ellul et al.,2011),所以随着伊根—琼斯(采用 INP 模式)进入评级市场,标准普尔(采用 ISP 模式)的信用评级质量变得更好(Xia,2014)。

国内关于信用评级付费模式的研究相对较少,一些学者探讨了不同付费模式的优劣(岳振宇,2009;黄国平,2012)。他们认为,投资者付费可以发挥"声誉机制"的作用,但可能衍生"搭便车"问题;而发行人付费可以避免"搭便车"问题,但又难以保证评级机构的中立性。因此,两种付费模式各有利弊。基于经验数据的研究结果也得出不尽相同甚至相反的观点。林晚发等(2017)利用公司债券数据,发现在 INP 评级压力下 ISP 评级机构相应调低了信用评级水平;刘琳和查道林(2018)发现样本公司在被中债资信主动评级后,其由 ISP 评级机构给出的信用评级水平与之前相比明显降低;孟庆斌等(2018)分析了中债资信进入评级市场对 ISP 模式下信用评级水平的影响,认为中债资信入市助推了信用评级质量;吴育辉等(2020)对两种付费模式下信用评级水平的检验结果进一步支持了上述观点;闫妍和李博(2020)认为 ISP 模式下的信用评级水平高于 INP 模式是因为前者迎合了发债企业。但是,不同于上述研究结果,寇宗来等(2020)发现面对中债资信的低评级压力,ISP 评级机构不但没有相应调低评级水平,反而调高拟发债企业的后续主体评级进行"对冲",以帮助发债企业实现监管套利;陈关亭等(2021)则发现在发债企业同时采用 INP 与 ISP 两种模式进行信用评级的情况下,INP 模式对 ISP 模式的评级机构没有明显的影响。此外,阮永锋等(2019)认为中债资信是否覆盖同一发债企业对其他评级机构的评级行为没有显著影响,但在中债资信与其他评级机构存在较大评级差异的情况下,投资者会利用中债资信的评级信息调整债券定价。

综上所述,国内外多数研究认为 ISP 模式会推高发债企业的信用评级水平,从而降低评级质量,但该推断尚存在分歧。重要的原因在于,不同付费模式下的信用评级水平可能存在系统性差异,仅仅根据评级差异并不能判定信用评级是否合理。目前投资者和监管机构最为关注的是信用评级是否存在高估问题。因此,如何更准确地判断不同付费模式下信用评级差异的程度与性质尤为必要。另外,不同付费模式除了影响初始信用评级,是否会对后续的跟踪信用评级也产生影响,即付费模式是否会对信用评级产生系统性的影响?目前国内外尚无文献对这些问题进行探讨。本文引入信用评级偏差度量模型,期望能够更加准确地检验付费模式对信用评级质量的影响,通过比较同一发债企业在不同付费模式下的信用评级差异,给出不同付费模式评级质量高低的直接证据,并从多个维度系统性地考察付费模式对评级质量与债券利差的影响。

三、制度背景和研究假设

债券发行前必须经过专业的评级机构对债券信用风险进行综合评价,中国人民银行1997年认定了9家机构的债券信用评级业务资格。随着这些评级机构的演变以及国家监管机构对证券市场资信评级业务资格的增加认定,截至2021年11月底在国家主管部门备案的全国性证券评级机构共14家[3],其中中债资信、上海资信、北京中北联和浙江大普采用INP模式,其他评级机构均采用ISP模式。目前我国绝大多数发债企业只由一家评级机构进行信用评级(简称"单一制评级"),但也有部分发债企业实施"双重信用评级",即由两家评级机构分别对发债企业进行信用评级(如银行间市场发债企业除了接受中债资信"主动评级",还付费委托ISP评级机构另行评级),也有发债企业同时委托两家ISP评级机构分别实施评级,这便形成了我国债券市场的两种双重信用评级类型,即由不同付费模式(分别为INP模式、ISP模式)组成的双重信用评级和由相同付费模式(均为ISP模式)组成的双重信用评级。

已有研究发现,ISP模式会推高发债企业的信用评级水平(Jiang et al.,

---

[3] 按照获得证券评级资质的时间,14家备案的评级机构依次为:1997年,中诚信国际信用评级有限责任公司(2020年承继中诚信证券评估有限公司证券评级业务)、大公国际资信评估有限责任公司、中证鹏元资信评估股份有限公司(原深圳市资信评估公司)、上海远东资信评估有限公司和上海新世纪资信评估投资服务有限公司;2005年,联合资信评估股份有限公司(2020年承继联合信用评级有限公司证券评级业务);2010年,中债资信评估有限责任公司(简称中债资信);2011年,东方金诚国际信用评级有限公司;2017年,上海资信有限公司(简称上海资信);2018年,北京中北联信用评估有限公司(简称北京中北联)和浙江大普信用评级股份有限公司(简称浙江大普);2019年,标普信用评级(中国)有限公司;2020年,惠誉博华信用评级有限公司和安融信用评级有限公司。此外,中证指数有限公司于2017年3月获得资信评级资格,2021年7月注销信用评级机构备案。

2012；Bonsall Ⅳ，2014；Berwart et al.，2016）。实际上不论评级机构采用哪种付费模式，发债企业都有动机通过偏乐观的信息影响评级机构，而评级机构迫于市场压力也有动机寻求评级业务的合作可能性和未来持续性。根据舞弊三角理论（Cressey，1953）、舞弊四因素理论（即 Greed，Opportunity，Need 和 Exposure，简称 GONE，Bologna et al.，1993）与风险因子理论（Bologna and Lindquist，1995）的分析，评级机构是否迎合发债企业的评级诉求，通常受到道德、动机、机会以及不合理评级被发现可能性、被惩罚性质和程度的影响。仅就信用评级付费模式而言，不同付费模式的差异只是利益交换机会不同（Mathis et al.，2009；Bolton et al.，2012），其他因素理论上不存在系统性的差异。在ISP 模式下，发债企业负责选聘评级机构，支付评级费用，因此其可凭借委托和付费机会直接或间接影响评级机构的独立性，进而导致评级机构偏重有利于发债企业的信息而高估信用评级水平。在 INP 模式下，发债企业"委托评级"变为评级机构"主动评级"，并由投资者或其代理人支付评级费用，这种制度设计改变了发债企业与评级机构之间的直接利益捆绑关系，也就消除了"评级购买"机会，因此可以抑制评级机构高估发债企业信用评级水平的倾向。不过，在INP 模式下，仍然存在投资者和评级机构的间接或直接付费关系，那么投资者也可由此关联关系对评级机构施加谨慎评级的影响，从而引导评级机构从严掌握评级标准甚至低估企业信用评级水平。此外，由于 INP 模式下评级机构并非由发债企业委托，因而发债企业没有向评级机构提供内部信息的义务，这可能导致评级机构对于发债企业的"私有信息"采集不足。[4] 综上，ISP 模式存在发债企业与评级机构通过利益输送渠道牟取较高信用评级水平的制度性缺陷，这可能导致高估企业信用评级水平；INP 模式也存在投资者谋求从严评级的机会和内部信息不充分问题，这可能导致过度的谨慎评级以致低估企业信用评级水平。因此，在控制其他影响因素的条件下，本文提出以下假设：

假设 1 对于同一发债企业，相对于 INP 模式，ISP 模式下的信用评级水平更高。

如果假设 1 成立，那么 ISP 模式下的信用评级膨胀问题（评级高估）会因双重信用评级而被抑制吗？Ellul et al.（2011）认为，在声誉效应的作用下，INP评级机构的评级会影响 ISP 评级机构的声誉，使得 ISP 评级机构有较强的动

---

[4] 这意味着相对于 INP 模式，ISP 模式会具有更多的"私有信息"。这些"私有信息"，有些可能有利于发债企业，有些则相反。由于 ISP 模式下的利益捆绑问题，有利于发债企业的"私有信息"可能被放大，导致 ISP 模式下的信用评级被高估。与之对应，INP 模式则可能由于"私有信息"缺失而不能将充分的信息综合到发债企业的信用评级中，在这种情况下为了保护投资者利益，INP 评级机构可能更加谨慎。

机提高评级质量,因此 INP 评级机构(如伊根-琼斯)入市后 ISP 评级机构(如标准普尔)的评级质量将变得更好(Xia,2014)。根据舞弊三角理论(Cressey,1953)、GONE(Bologna et al.,1993)与风险因子理论(Bologna and Lindquist,1995)推论,不合理评级的暴露将反向影响行为人将不合理评级行为加以自我合理化的可能性。如果 INP 评级机构评定的信用评级水平较低,而 ISP 评级机构对同一发债企业给出较高的信用评级水平,那么后者就增加了虚高评级的暴露风险。在暴露风险的压力下,ISP 评级机构在对 INP 评级机构介入的双重信用评级企业执行评级时理应更加谨慎。因此,在 INP 评级机构带来的评级压力下,双重信用评级中 ISP 模式下的信用评级水平应该低于单一制 ISP 模式。

但是,虚高评级的暴露可能性以及行为人是否对过度评级予以自我合理化,受到监管部门的监管强度和违规成本的影响。长期以来,我国债券评级市场存在监管失序和约束软化等问题,对违规行为的惩戒和威慑不足。例如,2015 年证监会系统对于多家证券评级机构"对同一类对象评级未采用一致的评级标准"等重要违规问题,只给予在性质和程度上较轻的警示处罚。这在一定程度上减少了评级机构的违规成本,降低了监管制度的威慑效果,也不利于培育评级声誉机制。在这种情况下,INP 评级机构带来的评级压力可能不足以抵消 ISP 评级机构的过度评级倾向,由此在双重信用评级中 ISP 模式下的信用评级水平就不会明显低于单一制 ISP 模式下的信用评级水平。

综上,在双重信用评级中,INP 模式下的信用评级对于 ISP 模式下的信用评级的影响方向不同,因此在控制其他影响因素的条件下,本文提出如下竞争性假设:

假设 2a 相对于单一制 ISP 模式,在双重信用评级中 ISP 模式下的信用评级更加谨慎。

假设 2b 相对于单一制 ISP 模式,在双重信用评级中 ISP 模式下的信用评级不会更谨慎。

信用评级的一项重要作用在于,通过市场公信力和评级客观性影响债券发行成本与债券收益率。我国大量研究表明较高的信用评级能够有效降低债券发行成本(何平和金梦,2010;朱松,2013),这说明信用评级已经成为我国债券定价的一项依据。但是,如果评级机构的公信力没有获得市场认可,较高的信用评级不会真正降低企业的债券发行成本(寇宗来等,2015)。如上文所述,两种付费模式对于企业信用评级水平具有不同影响,对应评级机构的市场公信力也不相同,因此其对债券融资利率的作用效果也会不同。具体来说,ISP 模式在制度设计上存在发债企业与评级机构通过利益输送谋求较高信用评级水平的固有缺陷,这可能导致评级实践中的评级膨胀问题,并进而影响到这类评级机构的市场公信力,最终使得其评级结果对债券融资利率的作用效果遭到投资者的打折。INP模式采用"为投资者服务、由投资者付费"的运营模式,在制度设计上阻断了发债企业与评级机构的利益输送路径,可以更独立地评价发债企业的信用风险和更有效地满足投资者的风险控制期望,其相对谨慎的评级结果更容易得到投资者的认可,从而降低投资者的风险溢价要求,相应地降低发债企业的债券融资利率(周宏等,2012)。综上所述,结合假设1,可以合理推测INP模式更有可能降低企业债券融资利率,因此在控制其他影响因素的条件下,本文提出假设3:

假设3 相对于INP模式,ISP模式下发债企业的债券融资利率更高。

四、研究设计

(一)模型与变量

首先,本文检验付费模式差异对信用评级水平的影响。对于假设1,主要基于两种付费模式下评级机构对同一发债企业主体评级的系统性差异予以检验;对于假设2,即使付费模式与信用评级水平存在相关关系,也不足以推断评级水平因付费模式不同而发生高估或低估问题(激进或谨慎)。因此,本文借鉴审计意见预测模型(Lennox,2000;Chen et al,2016)的原理,建立信用评级偏差度量模型,采用模型回归残差表示信用评级不合理程度(高估或低估程度),从而进一步检验付费模式是否导致信用评级高估或低估问题,即基于企业信用风险建立信用评级偏差度量模型(1)(Elton et al.,2004;朱松,2013;黄小琳等,2017;陈关亭和朱松,2021),并据以估计信用评级偏差(ResRATING)。[5]

---

[5] 审计意见预测模型的原理是采用Probit回归模型,以企业被出具非标准审计意见作为被解释变量,以企业被出具非标准审计意见的影响因素作为解释变量,回归后模型预测值为企业被出具非标准审计意见的概率,即企业被出具非标准审计意见的合理水平。企业实际审计意见与该预测值的偏差即为审计意见偏差。本文借鉴该方法建立回归模型,测算发债企业的合理信用评级水平(模型评级值),实际评级值与模型评级值的差异即为信用评级偏差(信用评级高估或低估程度)。借鉴审计意见预测模型预测发债企业的合理信用水平,主要原因在于审计意见与信用评级具有较强的相似性:第一,审计机构与评级机构均为市场中的信息鉴证中介,具有相似的鉴证功能;第二,审计机构与评级机构的鉴证对象较相同,都重视企业财务报告等信息及其反映的信息风险、信用风险和经营风险。采用残差估计不合理水平的方法已应用于若干领域,如过度投资(Richardson,2006)、过度负债(Caskey et al.,2012;陆正飞等,2015)和过度薪酬(Cai and Walkling,2011)等。

$$\begin{aligned}
RATING =\ & \alpha_0 + \alpha_1 PreCRA + \alpha_2 GDP + \alpha_3 SIZE + \alpha_4 LEV + \alpha_5 SLEV + \\
& \alpha_6 ROE + \alpha_7 COVER + \alpha_8 CASH + \alpha_9 CFO + \alpha_{10} GROW + \\
& \alpha_{11} LIST + \alpha_{12} STATE + \alpha_{13} BIG4 + \alpha_{14} AMOUNT + \\
& \alpha_{15} DURATION + \alpha_{16} GUARANTEE + \alpha_{17} STFB + \\
& \alpha_{18} NB + \alpha_{19} FB + \alpha_{20} BANKMARKET + \sum \alpha_i Inds_i + \\
& \sum \alpha_j Years_j + \varepsilon
\end{aligned} \quad (1)$$

被解释变量为信用评级水平(RATING),采用主体初始信用评级水平衡量,为全部付费模式中 ISP 评级机构评定的发债企业初始信用评级水平。借鉴 Xia(2014)、陈关亭和朱松(2021)等研究方法,本文对我国微调式信用评级水平(AAA+、AAA、AAA-、AA+、AA、AA-、A+、A、A-、BBB+、BBB、BBB-、BB+、BB、BB-、B+、B、B-、CCC、CC、C)依次递减赋值,每级赋值 1 单位,其中最高级 AAA+赋值为 21,最低级 C 赋值为 1。其他变量的定义与衡量方法见表 1。

表 1 变量定义与衡量方法

变量	定义	衡量方法
PreCRA	上年末评级机构市场份额	该评级机构当年承担主体评级中介的债券数量占当年全部信用债发行数量的比例
GDP	国内生产总值	债券发行当月 GDP 增长率
SIZE	发债企业规模	发债企业上年末总资产的自然对数
LEV	资产负债率	发债企业上年末负债总额与资产总额之比
SLEV	短期负债率	发债企业上年末流动负债与资产总额之比
ROE	盈利能力	发债企业上年末净利润与净资产之比
COVER	利息保障倍数	发债企业上年末营业利润和财务费用之和与财务费用之比
CASH	现金持有水平	发债企业上年末货币资金与资产总额之比
CFO	经营活动现金流量	发债企业上年末经营活动现金流净额与资产总额之比
GROW	企业成长性	发债企业上年末营业收入增长率
LIST	上市公司	哑变量,发债企业若为上市公司则取值为 1,否则取值为 0
STATE	产权性质	哑变量,发债企业若为国有企业则取值为 1,否则取值为 0
BIG4	国际四大会计师事务所	哑变量,若聘用国际四大会计师事务所审计年度财务报告则取值为 1,否则取值为 0
AMOUNT	发债规模	债券发行总额的自然对数
DURATION	发行期限年数	发行债券的期限,采用年计算,若 6 个月则为 0.5
GUARANTEE	债券担保	哑变量,若债券被担保则取值为 1,否则取值为 0
STFB	短期融资券	哑变量,若为短期融资券则取值为 1,否则取值为 0
NB	中期票据	哑变量,若为中期票据则取值为 1,否则取值为 0

续表

变量	定义	衡量方法
FB	企业债	哑变量,若为企业债则取值为1,否则取值为0
BANKMARKET	债券发行市场	哑变量,若债券在银行间市场发行则取值为1,否则取值为0
Inds	行业	哑变量,按照全球行业分类标准分为10个行业,采用9个哑变量表征
Years	年份	哑变量,2007—2015年共9年时间,采用8个哑变量表征

其次,本文检验付费模式对债券融资利率的影响,分析付费模式对发债企业的吸引力,为此建立模型(2)。其中,债券利差(Spread)采用债券发行票面利率与同期无风险收益率(银行存款利率)之差衡量。付费模式(Paymode)为哑变量,若债券只存在ISP模式的单一制评级,则Paymode取值为1;若债券同时存在INP模式和ISP模式的双重信用评级,则Paymode取值为0。其他变量及其衡量方法见表1。

$$\begin{aligned}Spread =\ & \beta_0 + \beta_1 Paymode + \beta_2 RATING + \beta_3 PreCRA + \beta_4 GDP + \beta_5 SIZE + \\ & \beta_6 LEV + \beta_7 SLEV + \beta_8 ROE + \beta_9 COVER + \beta_{10} CASH + \beta_{11} CFO + \\ & \beta_{12} GROW + \beta_{13} LIST + \beta_{14} STATE + \beta_{15} BIG4 + \beta_{16} AMOUNT + \\ & \beta_{17} DURATION + \beta_{18} GUARANTEE + \beta_{19} STFB + \beta_{20} NB + \\ & \beta_{21} FB + \beta_{22} BANKMARKET + \sum \beta_i Inds_i + \sum \beta_j Years_j + \varepsilon \end{aligned} \quad (2)$$

最后,与关于信用评级水平的检验原理相同,本文采用模型(3)估计债券利差偏差(ResSpread),即基于信用评级和企业基本面特征测算债券发行票面利率与实际利率之差;采用模型(4)检验付费模式对债券利差偏差的影响。其中,债券利差偏差(ResSpread)为模型(3)的残差ε,其他变量及其衡量方法见表1。

$$\begin{aligned}Spread =\ & \gamma_0 + \gamma_1 RATING + \gamma_2 PreCRA + \gamma_3 GDP + \gamma_4 SIZE + \gamma_5 LEV + \\ & \gamma_6 SLEV + \gamma_7 ROE + \gamma_8 COVER + \gamma_9 CASH + \gamma_{10} CFO + \\ & \gamma_{11} GROW + \gamma_{12} LIST + \gamma_{13} STATE + \gamma_{14} BIG4 + \gamma_{15} AMOUNT + \\ & \gamma_{16} DURATION + \gamma_{17} GUARANTEE + \gamma_{18} STFB + \gamma_{19} NB + \\ & \gamma_{20} FB + \gamma_{21} BANKMARKET + \sum \gamma_i Inds_i + \sum \gamma_j Years_j + \varepsilon \end{aligned} \quad (3)$$

$$\begin{aligned}ResSpread =\ & \lambda_0 + \lambda_1 Paymode + \lambda_2 RATING + \lambda_3 PreCRA + \lambda_4 GDP + \\ & \lambda_5 SIZE + \lambda_6 LEV + \lambda_7 SLEV + \lambda_8 ROE + \lambda_9 COVER + \\ & \lambda_{10} CASH + \lambda_{11} CFO + \lambda_{12} GROW + \lambda_{13} LIST + \lambda_{14} STATE + \\ & \lambda_{15} BIG4 + \lambda_{16} AMOUNT + \lambda_{17} DURATION + \\ & \lambda_{18} GUARANTEE + \lambda_{19} STFB + \lambda_{20} NB + \lambda_{21} FB + \\ & \lambda_{22} BANKMARKET + \sum \lambda_i Inds_i + \sum \lambda_j Years_j + \varepsilon \end{aligned} \quad (4)$$

（二）数据与样本

本文从同花顺数据库提取了 2007 年 1 月 1 日至 2015 年 12 月 31 日[6]的全部公司债、企业债、中期票据和短期融资券发行数据及其评级数据，主要包括债券发行信息、发债主体信息、发债企业财务数据和评级机构的评级信息。本文研究对象为企业层面发行的债券，剔除国债、地方债、行业票据、金融债、国际机构债、资产支持证券、集合票据和其他非企业债券以及具有股权性质的可转换债券，最终样本包括两类，即银行间市场债券样本（企业债、中期票据和短期融资券）和交易所市场债券样本（公司债和企业债）。在信用评级研究中，本文采用主体信用评级样本，因为对债券投资机构而言最关键的评级指标是主体信用评级，债项信用评级仅供参考。由此得到：(1)主体初始信用评级观测值共计 18 550 个，剔除评级信息缺失、财务信息不全以及行业信息不全的样本，最后得到 8 787 个样本观测值；(2)主体跟踪信用评级观测值共计 16 061 个，剔除同一年份评级调整、财务信息不全、行业信息缺失的样本，最后得到 5 162 个样本观测值，其中主体初始信用评级在跟踪信用评级中发生变化的样本观测值为 1 446 个；(3)从主体初始信用评级样本中筛选出 432 个双重信用评级样本观测值。

五、实证分析

（一）描述性统计

表 2 报告了描述性统计结果。全样本[7]在 ISP 模式下信用评级水平 (RATING) 的均值为 17.531，中位数为 17，意味着信用评级水平平均在 AA 与 AA＋之间；信用评级偏差 (ResRATING) 的均值为 －0.001，中位数为 －0.006，意味着评级高估程度基本抵消了评级低估情况。债券利差 (Spread) 和债券利差偏差 (ResSpread) 同样表现为高低基本相抵。付费模式 (Paymode) 的均值为 0.95，意味着多数样本只存在 ISP 模式。其他变量解释略。

---

[6] 2016 年 3 月和 4 月证监会公开通报了对评级机构执业质量问题和失信行为的处罚结果，强化了监管措施、稽查程序和惩治力度。为了排除由此引发的对评级行为的影响，研究样本期间截止到 2015 年 12 月 31 日。

[7] 全样本为 8 787 个，包括 432 个双重信用评级样本以及 8 355 个单一制 ISP 模式评级样本。表 2 只列示了全部样本的 ISP 模式的信用评级情况，表 3 直接比较了 432 个双重信用评级样本在不同付费模式下的信用评级差异。

表 2 描述性统计结果

变量	样本量	均值	标准差	最小值	中位数	最大值
RATING	8 787	17.531	1.370	9.000	17.000	20.000
ResRATING	8 787	−0.001	0.892	−6.949	−0.006	3.953
Spread	8 787	2.740	1.403	−0.350	2.600	6.050
ResSpread	8 787	0.000	0.822	−3.219	−0.041	3.044
Paymode	8 787	0.950	0.216	0.000	1.000	1.000
PreCRA	8 787	0.194	0.087	0.000	0.194	0.414
GDP	8 787	7.575	1.052	6.200	7.300	14.900
SIZE	8 787	23.958	1.294	21.445	23.719	27.995
LEV	8 787	0.552	0.179	0.146	0.576	0.876
SLEV	8 787	0.317	0.177	0.039	0.303	0.786
ROE	8 787	0.057	0.058	−0.119	0.041	0.288
COVER	8 787	−2.880	65.388	−390.568	2.167	170.060
CASH	8 787	0.097	0.068	0.006	0.085	0.358
CFO	8 787	0.021	0.058	−0.149	0.019	0.194
GROW	8 787	0.256	0.623	−0.561	0.123	3.870
LIST	8 787	0.156	0.363	0.000	0.000	1.000
STATE	8 787	0.849	0.358	0.000	1.000	1.000
BIG4	8 787	0.058	0.234	0.000	0.000	1.000
AMOUNT	8 787	20.690	0.763	16.811	20.723	23.719
DURATION	8 787	5.107	2.761	0.238	5.000	15.000
GUARANTEE	8 787	0.211	0.408	0.000	0.000	1.000
STFB	8 787	0.200	0.400	0.000	0.000	1.000
NB	8 787	0.299	0.458	0.000	0.000	1.000
FB	8 787	0.440	0.496	0.000	0.000	1.000
BANKMARKET	8 787	0.739	0.439	0.000	1.000	1.000

(二) 回归分析

1. 评级付费模式对信用评级水平的影响

双重信用评级中 INP 模式与 ISP 模式的信用评级差异见表 3。Panel A 统计了两种付费模式下同一发债企业的信用评级差异,可见对于相同的受评对象,两种付费模式下的信用评级水平相同率只有 5.56%,相差 1 级至 3 级者高达 87.03%,此外 7.41% 的样本甚至相差 4 级至 5 级。该结果表明 ISP 模式下的信用评级水平普遍高于 INP 模式。Panel B 对两组样本的均值和中位数进行了差异比较,可见两种付费模式下的信用评级均值和中位数均相差约 2 级,且均在1%的统计水平上显著,说明两种付费模式下的主体信用评级存在明显的差异,即ISP模式下的信用评级显著高于INP模式下的信用评级,假设1得到验证。表3的统计结果也解释了发债企业在免费得到INP评级机构评级的情况下,又付费委托ISP评级机构另行评级的主要原因,即INP评级机构给出的评级较低,付费委托ISP评级机构获得的评级较高,后者既能符合监管标准又能提升企业形象。

表3 INP模式和ISP模式下同一发债企业的信用评级差异

Panel A:INP 模式和 ISP 模式下同一发债企业的信用评级差异						
评级差异	−5	−4	−3	−2	−1	0
差异数量	3	29	91	183	102	24
差异比例(%)	0.70	6.71	21.06	42.36	23.61	5.56
Panel B:INP 模式和 ISP 模式下同一发债企业的信用评级比较						
变量	类型	INP 模式	ISP 模式	Diff	t/Z	
RATING	均值	16.442	18.461	−2.019	−41.913***	
	中位数	16.000	18.000	−2.000	−16.581***	

注:评级差异等于两类评级机构的评级赋值之差;*、**、***分别表示在10%、5%和1%的统计水平上显著。

基于信用评级偏差度量模型估计的信用评级偏差(ResRATING),表4展示了双重信用评级中ISP评级机构是否存在INP模式评级压力下的主体信用评级偏差。虽然兼有ISP模式和INP模式的主体信用评级偏差略高于只有ISP模式的主体信用评级偏差,但均值和中位数检验都不显著,意味着双重信用评级中兼有ISP模式和INP模式并没有给ISP评级机构带来明显的压力。因而,相对于单一制ISP模式,双重信用评级中ISP模式下的信用评级并没有表现得更加谨慎,假设2a被拒绝,假设2b得到验证。

表4 双重信用评级中INP模式评级压力下的主体信用评级偏差比较

Panel A:全样本比较					
变量	类型	兼有 ISP 模式和 INP 模式(432)	只有 ISP 模式(8 355)	Diff	t/Z
ResRATING	均值	−0.000	0.000	0.000	0.000
	中位数	−0.051	−0.014	−0.037	1.223
Panel B:配对样本比较					
变量	类型	兼有 ISP 模式和 INP 模式(432)	只有 ISP 模式(432)	Diff	t/Z
ResRATING	均值	−0.000	−0.044	0.044	0.690
	中位数	−0.051	−0.033	−0.018	1.056

2. 评级付费模式对债券利差的影响

既然 INP 模式下的信用评级较为谨慎,那么付费模式是否以及如何影响债券融资利率?表 5 报告了双重信用评级下不同评级机构对同一对象的主体信用评级与债券利差的关系。第(1)列和第(2)列分别采用 INP 模式与 ISP 模式下的信用评级对债券利差进行回归,第(3)列综合两种模式下的信用评级进行检验。[8] 其中,RATING_ZZZX 指 INP 模式下的信用评级水平,RATING_QT 指 ISP 模式下的信用评级水平,不论是单独回归还是综合回归,两种信用评级的回归系数都在 1% 的统计水平上显著为负,意味着不论是 INP 模式还是 ISP 模式下的信用评级都能够有效降低债券融资利率。也就是说,即使 INP 模式下的信用评级相对谨慎,ISP 模式下的信用评级相对乐观,但两种模式都能够显著影响债券利差,这意味着 INP 模式和 ISP 模式下的信用评级都具有信息含量。具体来说,两类评级机构基于各自的执业渠道、信息来源和评级标准,它们获取的发债企业信用信息虽有若干重叠但也各具差异,因此两种信用评级都具有各自的特定信息含量。此外,本文比较了 INP 模式和 ISP 模式下信用评级对债券利差的影响,即第(1)列和第(2)列回归解释力 R^2 的差异性。Vuong-Z 值为 0.428 但不显著,进一步证明 INP 模式与 ISP 模式下的信用评级都具有信息含量且差异并不显著。

表 5 同一发债企业的 INP 模式和 ISP 模式信用评级对债券利差的影响

变量	Spread		
	(1)	(2)	(3)
RATING_ZZZX	−0.190***		−0.122***
	(−7.51)		(−4.46)
RATING_QT		−0.244***	−0.171***
		(−9.19)	(−5.83)
GDP	−0.651**	−0.995***	−0.794***
	(−2.14)	(−3.27)	(−2.72)
SIZE	−0.054	−0.086**	−0.003
	(−1.26)	(−2.26)	(−0.07)
LEV	0.571**	1.019***	0.559**
	(2.04)	(3.89)	(2.08)

---

[8] 多重共线性检验显示 VIF 值都低于 6,不存在严重的共线性。

续表

变量	Spread		
	(1)	(2)	(3)
SLEV	0.177	−0.003	0.112
	(0.85)	(−0.01)	(0.55)
ROE	0.100	−0.632	−0.040
	(0.23)	(−1.58)	(−0.09)
COVER	−0.002	−0.002	−0.002
	(−1.21)	(−1.07)	(−1.33)
CASH	0.865**	0.689	0.715*
	(2.05)	(1.51)	(1.68)
CFO	−0.448	−0.471	−0.265
	(−0.85)	(−0.88)	(−0.51)
GROW	−0.266***	−0.174**	−0.211**
	(−2.95)	(−2.04)	(−2.38)
LIST	−0.207***	−0.196***	−0.178***
	(−3.95)	(−3.79)	(−3.55)
STATE	−0.653***	−0.686***	−0.608***
	(−8.36)	(−8.69)	(−7.84)
BIG4	0.046	0.019	0.038
	(0.65)	(0.29)	(0.57)
AMOUNT	0.077**	0.081**	0.090**
	(2.02)	(2.20)	(2.47)
DURATION	−0.606**	−0.684***	−0.673***
	(−2.33)	(−3.29)	(−3.07)
GUARANTEE	1.871***	1.879***	1.830***
	(15.61)	(15.26)	(15.39)
NB	2.821**	3.099***	3.085***
	(2.49)	(3.41)	(3.22)
Inds&Years	控制	控制	控制
N	432	432	432
R^2	0.647	0.652	0.670
Vuong-Z		0.428	2.362**

注:括号内为经异方差调整的 t 值;*、**、*** 分别表示在10%、5%和1%的统计水平上显著。

综合两种付费模式评级结果后模型的解释力上升,且与单一制评级回归模型的解释力相比,Vuong-Z 值为 2.362 且在 5% 的统计水平上显著,表明兼有

ISP模式和INP模式的双重信用评级比只有ISP模式的单一制评级具有更多的信息含量,能够更好地降低企业的融资成本。原因可能在于,一方面INP模式下的信用评级相对更为谨慎,另一方面ISP模式下的评级机构通常对发债企业了解更加充分并能够反映包括"私有信息"在内的更多信息,因而双重信用评级可以使得投资者获得更充分的发债企业信息。这一结果较好地解释了为什么发债企业在INP评级机构给予免费评级的情况下,又额外付费聘请ISP评级机构进行评级,即双重信用评级能够提供更多维度以及更具含量的发债企业信用信息,有助于缓解发债企业和投资者的信息不对称程度,因而能够得到投资者的认可并在更大程度上降低发债企业的融资成本。

表5的回归结果表明,INP模式与ISP模式下的信用评级都具有信息含量且差异并不显著,也就是说双重信用评级可以使得投资者获得更充分的发债企业信息。那么,从市场层面来看,ISP模式和INP模式的债券融资利率与信息含量是否会存在系统性差异?表6比较了INP模式评级压力下不同付费模式对债券利差的影响。可以看到,兼有ISP模式和INP模式下的债券利差均值和中位数都不到2%,而只有ISP模式下的债券利差均值和中位数都接近3%,两种模式下债券利差的均值和中位数差异都在1%的统计水平上显著,说明INP模式下债券融资利率更低,与假设3一致。这可能是因为INP模式能够降低信息不对称程度和减少非道德问题,因而投资者更加信赖该付费模式下的信用评级结果。此外,债券利差偏差(ResSpread)也显示兼有ISP模式和INP模式的债券利差偏差为负(均值在统计上显著小于0),而只有ISP模式的债券利差偏差为正(均值在统计上显著大于0),前者显著低于后者,再次证明兼有ISP模式和INP模式的债券融资利率更低,表明兼有ISP模式和INP模式的双重信用评级的信息含量更高。

表6 INP模式评级压力下债券利差和债券利差偏差的比较

变量	类型	兼有ISP模式和INP模式(432)	只有ISP模式(8 355)	Diff	t/Z
Spread	均值比较	1.992	2.780	−0.788	−11.460***
	中位数比较	1.865	2.670	−0.805	−12.839***
ResSpread	均值比较	−0.236	0.012	−0.248	−6.129***
	中位数比较	−0.245	−0.028	−0.217	−7.358***

表7进一步检验付费模式对债券利差及债券利差偏差的影响。第(1)列至第(3)列为基于模型(2)的付费模式对债券利差的检验结果,其中第(1)列为全样本的结果,第(2)列为采用银行间市场样本的结果,第(3)列为仅采用

2015 年样本的结果。在控制了企业基本面对债券融资利率的影响后,付费模式(Paymode)的系数在全部回归中都在 1% 的统计水平上显著为正,即单一制 ISP 模式下的债券融资利率显著高于兼有 ISP 模式和 INP 模式下的债券融资利率,假设 3 得到验证。第(4)列至第(6)列基于模型(4)检验了评级付费模式如何影响债券利差偏差,付费模式(Paymode)的系数均显著为正,进一步表明单一制 ISP 模式下债券融资利率显著高于兼有 ISP 模式和 INP 模式下的债券融资利率,假设 3 再次得到验证。可能的原因,是兼有 ISP 模式和 INP 模式下的双重信用评级可以使得投资者获得更充分的发债企业信息,而单一制 ISP 模式下的信用评级的信息含量较低,由此形成对债券融资利率的不同影响。

表 7 INP 模式评级压力下付费模式对债券利差和债券利差偏差的影响

变量	Spread			ResSpread		
	全市场	银行间	2015 年	全市场	银行间	2015 年
	(1)	(2)	(3)	(4)	(5)	(6)
Paymode	0.394***	0.390***	0.372***	0.394***	0.390***	0.372***
	(9.35)	(8.85)	(7.72)	(9.35)	(8.85)	(7.72)
RATING	−0.231***	−0.211***	−0.158***	−0.003	0.017	0.070***
	(−22.92)	(−19.45)	(−13.51)	(−0.29)	(1.55)	(5.95)
PreCRA	−0.755***	−0.796***	−0.737***	−0.414***	−0.456***	−0.396**
	(−5.87)	(−5.27)	(−3.82)	(−3.22)	(−3.02)	(−2.05)
GDP	0.223***	0.227***	0.645***	−0.002	0.002	0.421***
	(10.01)	(8.21)	(4.60)	(−0.08)	(0.08)	(3.00)
SIZE	−0.133***	−0.139***	−0.147***	0.009	0.003	−0.005
	(−9.04)	(−8.45)	(−8.28)	(0.59)	(0.19)	(−0.27)
LEV	−0.090	0.010	0.307***	0.002	0.102	0.399***
	(−1.03)	(0.10)	(2.60)	(0.02)	(1.02)	(3.38)
SLEV	0.065	0.118	0.410***	0.001	0.054	0.346***
	(0.75)	(1.23)	(3.94)	(0.01)	(0.57)	(3.33)
ROE	−1.462***	−1.681***	−1.955***	0.031	−0.188	−0.462*
	(−7.54)	(−7.98)	(−7.59)	(0.16)	(−0.89)	(−1.79)
COVER	−0.000***	−0.000**	−0.000	0.000	−0.000	0.000
	(−2.95)	(−2.22)	(−1.17)	(0.02)	(−0.03)	(0.32)

续表

变量	Spread			ResSpread		
	全市场	银行间	2015年	全市场	银行间	2015年
	(1)	(2)	(3)	(4)	(5)	(6)
CASH	−1.011***	−0.910***	−0.272	0.005	0.105	0.744***
	(−6.43)	(−4.99)	(−1.25)	(0.03)	(0.58)	(3.43)
CFO	−0.508***	−0.462**	−0.700***	0.002	0.047	−0.190
	(−2.85)	(−2.18)	(−2.83)	(0.01)	(0.22)	(−0.77)
GROW	0.055***	0.052***	−0.037	0.001	−0.002	−0.091***
	(3.93)	(2.99)	(−1.45)	(0.10)	(−0.12)	(−3.57)
LIST	−0.110***	−0.113***	−0.131***	0.007	0.003	−0.015
	(−3.26)	(−3.34)	(−3.65)	(0.20)	(0.10)	(−0.41)
STATE	−0.653***	−0.733***	−0.871***	0.017	−0.064*	−0.202***
	(−20.15)	(−19.81)	(−21.69)	(0.52)	(−1.72)	(−5.02)
BIG4	−0.077*	−0.134***	−0.111**	0.020	−0.037	−0.014
	(−1.85)	(−2.99)	(−2.31)	(0.48)	(−0.82)	(−0.29)
AMOUNT	0.008	0.007	−0.019	−0.000	−0.002	−0.028
	(0.46)	(0.35)	(−0.89)	(−0.02)	(−0.08)	(−1.28)
DURATION	0.041***	0.042***	0.028**	−0.001	−0.000	−0.015
	(5.67)	(4.85)	(2.47)	(−0.16)	(−0.04)	(−1.32)
GUARANTEE	0.013	−0.016	−0.020	−0.005	−0.035	−0.038
	(0.46)	(−0.44)	(−0.35)	(−0.20)	(−0.93)	(−0.67)
STFB	0.801***	0.026	0.507***	0.074	−0.089	−0.220**
	(11.11)	(0.38)	(4.73)	(1.03)	(−1.31)	(−2.05)
NB	0.247***	−0.447***	0.213**	0.005	−0.077*	−0.029
	(4.07)	(−10.92)	(2.23)	(0.08)	(−1.88)	(−0.31)
FB	0.606***		0.486***	−0.006		−0.127
	(10.63)		(5.59)	(−0.11)		(−1.46)
BANKMARKET	−0.017		0.164***	−0.001		0.180***
	(−0.60)		(2.93)	(−0.05)		(3.21)
Inds & Years	控制	控制	控制	控制	控制	控制
N	8 787	6 493	3 387	8 787	6 493	3 387
R^2	0.659	0.653	0.506	0.007	0.016	0.177

注：括号内为经异方差调整的 t 值；*、**、*** 分别表示在10%、5%和1%的统计水平上显著。

总之,INP模式下的信用评级相对较低,但这并不意味着INP模式下的信用评级不被市场信任。表7结果表明兼有ISP模式和INP模式的双重信用评级的信息质量和信息含量更高,因而债券融资利率更低,从而为发债企业带来更大的评级收益。

3. 稳健性检验

(1)倾向得分匹配法检验。考虑到INP模式的样本量较少,而且选择INP模式的发债企业和选择ISP模式的发债企业在企业基本面方面可能存在系统性差异,本文采用倾向得分匹配法对INP评级样本进行配对[9],最终得到864个样本(432对)(评级调整样本为438个,即219对),重新对假设3进行回归检验,结果见表8。第(1)列和第(2)列分别为付费模式对债券利差和债券利差偏差的影响。付费模式(Paymode)的系数均显著为正,与表7的检验结果一致,表明单一制ISP模式不仅推高了初始信用评级,而且在持续跟踪评级中也调高了企业的跟踪评级水平;但是,采用单一制ISP模式的发债企业的债券融资利率要显著高于兼有ISP模式和INP模式的发债企业,即单一制ISP模式下信用评级的信息含量较低。

表8 配对样本回归

变量	Spread (1)	ResSpread (2)
Paymode	0.210**	0.210**
	(2.01)	(2.01)
其他变量	控制	控制
N	864	864
R^2	0.523	0.303

注:括号内为经异方差调整的 t 值;** 表示在5%的统计水平上显著。

(2)样本自选择问题。INP模式和ISP模式对信用评级水平和债券融资利率的不同影响可能导致样本自选择问题,对此本文采用Heckman两阶段法重新进行检验[10],具体结果见表9。第(1)列和第(2)列分别为付费模式对债券利差和债券利差偏差的影响,逆米尔斯系数(IMR)均显著为正,表明存在样本自

---

[9] 配对基于以下因素:发债企业规模(SIZE)、负债率水平(LEV、SLEV)、盈利能力(ROE)、支付能力(COVER、CASH、CFO)、成长能力(GROW)、是否上市(LIST)、产权性质(STATE)、审计事务所(BIG4)、经济增长水平(GDP)、行业(Inds)、银行间市场(BANKMARKET)。

[10] Heckman检验第一阶段中Logit模型的被解释变量为是否采用发行人付费模式(Issuerpay),解释变量包括是否为银行间市场(BANKMARKET)、经济发展水平(GDP)、行业(Inds)和年份(Years)。

选择问题。付费模式（Paymode）的系数依然在1％的统计水平上显著为正，即相对于只存在ISP模式的信用评级，发债企业会因兼有ISP模式和INP模式的信用评级而降低融资成本。假设3再次得到验证。

表9　样本自选择回归：Heckman两阶段法

变量	Spread (1)	ResSpread (2)
IMR	1.252***	0.943***
	(9.57)	(7.37)
Paymode	0.420***	0.422***
	(10.09)	(10.08)
其他变量	控制	控制
N	8 787	8 787
R^2	0.662	0.013

注：括号内为经异方差调整的t值；***表示在1％的统计水平上显著。

六、结　　论

本文对我国证券市场的ISP模式、INP模式以及双重信用评级模式进行研究并发现：(1)ISP模式和INP模式下的信用评级存在明显差异，即对于同一对象，ISP模式下的信用评级水平显著高于INP模式下的信用评级水平。这表明ISP模式不仅推高了发债企业的初始信用评级，而且调高了发债企业的跟踪信用评级。(2)本文通过度量信用评级偏差发现，ISP模式和INP模式分别存在评级高估或低估偏差。(3)双重信用评级中，INP模式带来的评级压力并没有使得ISP模式下的信用评级明显趋向谨慎，因此双重信用评级和单一制评级中ISP模式下的信用评级水平不存在显著差异。(4)兼有ISP模式和INP模式下的双重信用评级导致债券融资利率显著低于单一制ISP模式下的债券融资利率，可能的原因在于前者提供了更多维度和更高含量的信用信息，从而缓解了信息不对称问题，这也解释了发债企业为什么在免费得到INP评级机构信用评级的情况下，仍然要付费委托ISP评级机构进行信用评级。

本文的研究结论提示发债企业追求较高水平的信用评级并不一定是最优选择。选择双重信用评级模式或在必要时配合INP评级机构的主动评级，即使出现信用评级水平被低估的情况，发债企业的融资成本仍会相对较低。此外，ISP模式和INP模式分别存在高估和低估发债企业信用评级水平的倾向，这均有失评级的客观性和公允性,提示监管机构不仅应该治理ISP模式下的评级高估问题,也要重视INP模式下的评级低估倾向。

参 考 文 献

陈关亭,连立帅,朱松,2021.多重信用评级与债券融资成本:来自中国债券市场的经验证据[J].金融研究(2):94-113.

陈关亭,朱松,2021.评级行业竞争与信用评级水平:基于中国信用债市场的证据[J].金融学季刊(4):1-25.

何平,金梦,2010.信用评级在中国债券市场的影响力[J].金融研究(4):15-28.

黄国平,2012.评级功能视角下的利益冲突和付费模式[J].证券市场导报(10):67-72.

黄小琳,朱松,陈关亭,2017.债券违约对涉事信用评级机构的影响:基于中国信用债市场违约事件的分析[J].金融研究(3):130-144.

寇宗来,盘宇章,刘学悦,2015.中国的信用评级真的影响发债成本吗[J].金融研究(10):81-98.

寇宗来,千茜倩,陈关亭,2020.跟随还是对冲:发行人付费评级机构如何应对中债资信的低评级[J].管理世界(9):26-36.

林晚发,何剑波,周畅,等,2017.INP模式对ISP模式评级的影响:基于中债资信评级的实验证据[J].会计研究(9):62-68.

刘琳,查道林,2018.付费模式、声誉与信用评级质量:基于我国债券市场的经验证据[J].中南财经政法大学学报(3):106-114.

陆正飞,何捷,窦欢,2015.谁更过度负债:国有还是非国有企业[J].经济研究(12):54-67.

孟庆斌,张强,吴卫星,等,2018.中立评级机构对发行人付费评级体系的影响[J].财贸经济(5):53-70.

阮永锋,徐晓萍,刘音露,2019."投资者付费"模式能改善评级市场的信息质量吗?基于中债资信评级的实证研究[J].证券市场导报(5):58-65.

吴育辉,翟玲玲,张润楠,等,2020."投资人付费"vs."发行人付费":谁的信用评级质量更高[J].金融研究(1):130-149.

闫妍,李博,2020.付费主体差异对信用评级结果的影响机制研究[J].中国管理科学(1):1-11.

岳振宇,2009.危机下的反思:失信的信用评级及其制度完善[J].证券市场导报(9):62-67.

周宏,林晚发,李国平,等,2012.信息不对称与企业债券信用风险估价:基于2008—2011年中国企业债券数据[J].会计研究(12):36-42.

朱松,2013.债券市场参与者关注会计信息质量吗[J].南开管理评论(3):16-25.

ALP A,2013. Structural shifts in credit rating standards[J]. The journal of finance,68(6):2435-2470.

BEAVER W H,SHAKESPEARE C,SOLIMAN M T,2006. Differential properties in the ratings of certified versus non-certified bond-rating agencies[J]. Journal of accounting & economics,42(3):303-334.

BECKER B,MILBOURN T,2011. How did increased competition affect credit ratings[J]. Journal of financial economics, 101(3): 493-514.

BERWART E, GULDOLIN M, MILIDONIS A, 2016. An empirical analysis of changes in the relative timeliness of issuer-paid vs. investor-paid ratings[J]. Journal of corporate finance, 3: 232-263.

BOLTON P, FREIXAS X, SHARIRO J, 2012. The credit ratings game[J]. The journal of finance, 67(1): 85-111.

BOLOGNA J G, LINDQUIST R J, WELLS J T, 1993. The accounting's handbook of fraud and commercial crime[M]. John Wiley & Sons.

BOLOGNA J G, LINDQUIST R J, 1995. Fraud investigation and forensic accounting: new tools and techniques[M]. John Wiley & Sons.

BONSALL IV S B, 2014. The impact of issuer-pay on corporate bond rating properties: evidence from Moody's and S&P's initial adoptions[J]. Journal of accounting & economics, 57(2/3): 89-109.

CAI J, WALKING R, 2011. Shareholders' say on pay: does it create value [J]. Journal of finance and quantitative analysis, 46(2): 299-339.

CASKEY J, HUGHES J, LIU J, 2010. Leverage, excess leverage, and future returns[J]. Review of accounting studies, 17(2): 443-471.

CHEN F, PENG S, XUE S, et al., 2016. Do audit clients successfully engage in opinion shopping? partner-level evidence[J]. Journal of accounting research, 54(1): 79-112.

CHENG M, NEAMTIU M, 2009. An empirical analysis of changes in credit rating properties: timeliness, accuracy and volatility[J]. Journal of accounting & economics, 47(1/2): 108-130.

CORNAGGIA J, CORNAGGIA K J, 2013. Estimating the costs of issuer-paid credit ratings[J]. Review of financial studies, 26(9): 2229-2269.

CRESSEY D R, 1953. Other people's money[M]. Montclair, NJ: Patterson Smith Publishing Corporation.

ELLUL A, JOTIKASTHIRA C, LUNLBLAD C T, 2011. Regulatory pressure and fire sales in the corporate bond market[J]. Journal of financial economics, 101(3): 596-620.

ELTON E J, GRUBER M J, AGRAWAL D, et al., 2004. Factors affecting the valuation of corporate bonds[J]. Journal of banking & finance, 28(11): 2747-2767.

JIANG J, STANDFORD M H, et al., 2012. Does it matter who pays for bond ratings? historical evidence[J]. Journal of financial economics, 105(3): 607-621.

JOHNSON R, 2004. Rating agency actions around the investment-grade boundary[J]. Journal of fixed income, 13(4): 25-37.

LENNOX C, 2000. Do companies successfully engage in opinion-shopping? evidence from the UK[J]. Journal of accounting & economics, 29(3): 321-337.

MATHIS J, McANDREWS J, ROCHET J C, 2009. Rating the raters: are reputation concerns powerful enough to discipline rating agencies [J]. Journal of monetary economics, 56(5): 657-674.

MILIDONIS A, 2013. Compensation incentives of credit rating agencies and predictability of changes in bond ratings and financial strength ratings[J]. Journal of banking & finance, 37(9): 3716-3732.

PONCE J, 2012. The quality of credit rating: a two-sided market perspective[J]. Economic systems, 36(2): 294-306.

RICHARDSON S, 2006. Over-investment of free cash flow[J]. Review of accounting studies, 11(2/3): 159-189.

WHITE L J, 2010. Markets the credit rating agencies[J]. Journal of economic perspectives, 24(2): 211-226.

XIA H, 2014. Can investor-paid credit rating agencies improve the information quality of issuer-paid rating agencies [J]. Journal of financial economics, 111(2): 450-468.

XIA H, STROBL G, 2012. The issuer-pays rating model and ratings inflation: evidence from corporate credit ratings[R/OL]. [2020-10-15]. https://ssrn.com/abstract=2002186.

卖空机制与企业产能利用率
——来自转融券制度的自然实验

潘凌云　董　竹[*]

摘　要　产能过剩已经严重制约中国经济转型升级，卖空交易者作为知情投资者，其交易行为能否提高企业层面的产能利用率？本文利用中国A股上市公司2010—2015年的数据，并以我国资本市场独特的转融券制度作为外生冲击构造自然实验，首次考察了卖空机制对企业产能利用率的因果影响，并对其作用机理进行了分析。实证结果表明：卖空机制显著促进了企业产能利用率的提高；进一步考察作用渠道时发现，股价信息含量和高管权益薪酬是卖空机制提高企业产能利用率的主导渠道。本文的发现不仅揭示了卖空机制对企业行为的实质影响，也为如何通过资本市场化解产能过剩提供了新的思路。

关键词　卖空机制　转融券　企业产能利用率　股价信息含量　高管权益薪酬

Short Selling and Firm Capacity Utilization Rate: A Natural Experiment from the Qualified Securities for Short-sale Refinancing System

Lingyun Pan　Zhu Dong

Abstract　Overcapacity has become an important constraint to China's economic transformation and structural adjustment. Can short-selling investors' trading behavior can improve capacity utilization rate at the firm level? Based on the data of Chinese listed firms, this paper examines the impact of short selling on the capacity utilization rate of firms. The

---

[*] 潘凌云，江西财经大学会计学院；董竹，吉林大学数量经济研究中心。通信作者：潘凌云；地址：南昌市青山湖区庐山中大道1200号；邮编：330044；E-mail：2465020814@qq.com。本研究得到国家社会科学基金项目（15BJY174）、教育部哲学社会科学研究重大课题攻关项目（17JZD016）的资助。当然，文责自负。

study found that the short selling significantly promoted the capacity utilization rate of firms; The conclusion is still stable after the use of the natural experiment of qualified securities for short-sale refinancing to exclude endogenous problems; it was also found that the short selling mainly promotes the improvement of the capacity utilization rate through two channels: stock price information content and CEO equity compensation. The findings of this paper not only reveal the substantial impact of short selling on corporate behavior, but also provide new ideas for how to solve overcapacity through capital market.

Key words Short Selling; Qualified Securities for Short-sale Refinancing; Firm Capacity Utilization Rate; Stock Price Information Content; CEO Equity Compensation

一、引　言

2010年3月31日，融资融券制度引入中国，意味着中国资本市场的单边市状态正式结束。然而，这一制度的诸多缺陷也被业内人士诟病。例如，截至2020年，融券规模太小，仅占A股流通股的0.019%；进入门槛过高，参与卖空的投资者必须开户满6个月且账户资金在20万元以上（顾琪和王策，2017）。可见，较之成熟的资本市场，我国的融资融券制度还有待完善。同时，这些缺陷引起了各界的持续争论（倪骁然和朱玉杰，2017），其中一个争论是：尚待完善的中国式卖空机制，究竟会给企业行为带来怎样的影响？

以往有关"卖空机制与企业行为"的文献主要集中在公司治理（Karpoff and Lou，2010）、企业融资（褚剑等，2017；李栋栋和陈涛琴，2017）、投资效率（Grullon等，2015；靳庆鲁等，2015）以及创新研发（He and Tian，2015；陈怡欣等，2018）等方面。在此基础上，本文进一步探索卖空机制与企业产能利用率的关系。一方面，现有文献较少从资本市场角度考察如何提高企业产能利用率；另一方面，卖空机制是否会对企业行为产生积极作用还存在一定争议。企业产能利用率能够较好地反映企业的公司治理水平以及企业对市场信息的利用程度。产能利用率低不但意味着企业存在严重的资源误配，还可能造成企业失去偿还银行贷款的能力，进而威胁到整个金融体系的安全。因此，通过产能利用率研究卖空机制的作用具有重要的理论价值和现实意义。本文尝试探讨以下问题：卖空机制会影响企业产能利用率吗？如果存在影响，那么这一影响的传导机制又是什么？

带着上述疑问，本文首先以卖空活跃度作为解释变量，同时以总资产周转率衡量企业产能利用率，对卖空机制与产能利用率的关系做了初步检验，发现卖空行为与企业产能利用率存在显著的正相关关系。但由此认为卖空机制是企业产能利用率提升的原因,理由并不充足,因为二者的关系面临特定的内生性问题:其一,卖空行为与企业产能利用率存在反向因果关系。上市公司产能过剩会导致其盈利水平下降,甚至面临破产风险,这很容易引起卖空投资者卖空该企业的股票。其二,卖空行为对企业产能利用率的影响还会遇到重要遗漏变量导致的内生性问题。比如,股价被高估企业的融资约束更低(李君平和徐龙炳,2015),这可能会加剧过度投资,由此造成产能过剩;同时,股价高估也被认为是诱发卖空行为的主要原因之一(Kot,2007)。此外,本文还可能存在由变量测量误差所导致的内生性问题。本文利用卖空活跃度衡量卖空行为,但是如何衡量企业的卖空行为本身就是一个有争议的问题,不同的衡量方式可能导致不同的估计结果,而受数据限制,本文并未穷尽所有衡量卖空行为的方式。

通常来讲,在中国背景下讨论"卖空与企业行为"的文献一般利用融资融券(简称两融)制度下两融标的扩容这一事件缓解可能存在的内生性问题。然而,从两融标的角度考察卖空与产能利用率的关系至少存在两个问题:第一,融资与融券是两种截然不同的行为,融资为加杠杆购入股票,而融券为卖空行为,二者对产能利用率的影响存在明显区别,因此以两融标的作为解释变量很难衡量单纯的卖空行为;第二,监管部门在选择两融标的时,通常以企业层面指标作为决策依据,而这些特征又与企业行为密切相关,导致两融标的与企业行为存在相互影响的内生性问题。

实际上,融资融券制度存在融券规模太小以及进入门槛过高等问题,在融资融券业务推行以后,融资规模远远超过融券规模。为缓解卖空市场中券源不足的问题,中国证券金融股份有限公司自2013年2月28日起对98只融资融券标的股票推行转融券业务。在这之后又进行了三次扩容,截至2015年4月30日转融券标的股票达到893只。转融券制度推行后,可融股票出现外生增加,市场中的悲观交易者可以更好地表达异质性观念,使更多信息融入股价。为此,本文以我国资本市场这一独特的转融券扩容为外生冲击构造自然实验,运用双重差分法进一步识别卖空资产外生增加与产能利用率之间是否存在关联,结果发现转融券制度显著提升了标的企业的产能利用率,且产能利用率越低,制度的激励效应越强。

接下来的问题是,卖空机制为什么能提高企业产能利用率?为了回答这一问题,本文重点考察卖空影响产能利用率的渠道——股价信息含量与高管权益薪酬。从股价信息含量渠道的角度来讲,Miller(1977)研究发现,在卖空限制放松以后，悲观投资者的观点能够传递到股票价格中，进而提高股价的信息含量。定价效率的提升意味着股价可以更好地反映企业特质信息，包括企业未来的投资机会、对企业产品与服务的需求等（Chen et al.，2007）。尽管企业管理层可能拥有关于企业更多的私有信息，但不太可能拥有全部信息（郝项超等，2018）。因此，卖空投资者带来的信息可以使企业管理层更准确地判断投资机会、更合理地配置企业资源，从而提升企业产能利用率。本文利用中介效应模型与分组检验法对该机制进行检验，结果发现转融券制度确实通过股价信息含量渠道促进企业产能利用率的提高。从高管权益薪酬渠道的角度来讲，卖空机制的推出使股价更能反映经理人的努力程度，意味着企业在设计经理人薪酬契约时将会利用更多股价信息，使经理人薪酬与经营业绩更紧密地关联在一起。事实上，De Angelis et al.（2017）的研究表明，在卖空限制解除之后，企业在设计经理人薪酬契约时加入了更多的股票和期权，这无疑提高了企业管理层的薪酬业绩敏感性。当卖空约束放松导致股价下行压力增大时，为了避免自身财富缩水，企业管理层必然会更慎重地配置内部资源，由此改善了企业产能利用率。本文同样利用中介效应模型与分组检验法对该机制进行检验，结果发现转融券制度确实通过高管权益薪酬渠道促进了企业产能利用率的提高。

本文的创新之处体现在以下三个方面：第一，文献方面。以往有关卖空机制经济后果的文献主要集中在公司治理（Karpoff and Lou，2010）、企业融资（褚剑等，2017；李栋栋和陈涛琴，2017）、投资效率（Grullon et al.，2015；靳庆鲁等，2015）以及创新研发（He and Tian，2015；陈怡欣等，2018）等方面，而关于卖空机制如何影响企业产能利用率的研究则较为欠缺。出于以上考虑，本文将研究视角放在卖空机制对企业产能利用率的因果影响及其作用机制上，是国内首篇定量考察卖空机制与企业产能利用率关系的文献，弥补了相关领域的研究不足，丰富了现有文献。

第二，内容方面。有关卖空行为对企业行为的影响，已有文献尚未解决卖空交易与企业行为之间互为内生的问题。本文利用转融券这一外生冲击构造自然实验，在很大程度上保证卖空机制与企业产能利用率间因果关系的存在。此外，我们还利用中介效应模型、分组检验法识别了卖空机制影响企业产能利用率的作用机制，由此形成了完整的逻辑链条，有益于我们加深对资本市场如何影响实体经济的理解。

第三，政策寓意方面。近年来，我国面临严重的产能过剩问题。面对这一问题，各地政府主要通过减少政府干预、营建公平的市场竞争环境等措施来化解。本文从资本市场的角度考察了卖空机制是否对企业产能利用率的提高具有显著的激励效应,这对如何通过资本市场化解产能过剩提供了重要的政策启示。

二、计量模型与数据

（一）样本选择

本文以 2010—2015 年 CSMAR 数据库中的融券标的股票为研究样本,并做如下处理:(1)删除金融类、ST、*ST 与数据缺失类企业的观测值;(2)对连续变量在 1‰ 与 99‰ 分位数做缩尾处理。

（二）变量定义

1. 被解释变量

被解释变量为企业产能利用率(Cu)。借鉴钱爱民和付东(2017)的做法,本文利用营业收入与期末总资产之比(即总资产周转率)衡量企业产能利用率。该值越大,表明在一定产能总规模下企业实际产出价值越高。因此,该值与产能利用率正相关。本文进一步利用总资产周转率所构造的哑变量以及固定资产周转率的倒数进行稳健性检验。

2. 解释变量

解释变量为卖空活跃度(SSR)。我们构建的卖空活跃度指标 SSR 的具体定义为,当年融券交易量与对应总成交量之比的平均值,减去上年平均值。在本文的因果识别及机制检验中,将利用转融券标的构造解释变量。

3. 控制变量

控制变量包括:企业价值(Q),用股票市值与债务账面价值之和除以总资产表示;企业规模(assets),用总资产的对数表示;负债率(debt),用长期负债和短期负债之和除以总资产表示;企业年龄(age),用上市年限表示;劳动密集度(worker),用工人数与销售额之比再乘以 10 000 表示;股权集中度(top),用第一大股东持股比例表示。本文还加入了企业虚拟变量(θ)与年份虚拟变量(μ)。

（三）主要模型设定

在利用转融券制度识别因果关系之前,作为预备性分析,本文借鉴已有研究,检验卖空活跃度是否会对企业产能利用率产生影响,并建立如下固定效应模型：

$$Cu_{i,t} = \alpha_0 + \alpha_1 SSR_{i,t} + \sum \alpha_k controls + \theta_i + \mu_t + \varepsilon_{i,t} \qquad (1)$$

在模型(1)中，卖空活跃度指标 SSR 的系数 α_1 为待估参数，若 α_1 为正则说明卖空交易行为提高了企业产能利用率。

(四) 描述性统计

表 1 为描述性统计。企业产能利用率(Cu)的均值为 0.7532，标准差为 0.5801，说明总体来讲，我国企业产能利用率较低，且在不同企业之间存在较大差异。卖空活跃度(SSR)的均值为 0.0021，说明我国的融券交易还不够活跃。

表 1 描述性统计

变量	均值	标准差	最小值	最大值
Cu	0.7532	0.5801	0.0592	3.3641
SSR	0.0021	0.0035	0	0.0347
Q	2.0884	1.8479	0.0884	10.5980
assets	21.9924	1.4169	19.1294	26.9732
debt	0.4282	0.2205	0.0470	0.9510
age	8.0665	5.4456	3.0000	21.0000
worker	0.0160	0.0133	0.0005	0.0694
top	38.6312	16.5099	11.0200	76.6802

三、基本回归结果

表 2 为卖空行为与企业产能利用率关系的基本回归结果。其中，第(1)列为只加入企业层面财务变量的回归结果，我们发现卖空活跃度(SSR)的系数在 1% 的统计水平上显著为正。第(2)列加入年份与企业虚拟变量，SSR 的系数仍显著为正。表 2 的回归结果初步支持了我们的理论预期，即卖空机制提高了企业产能利用率水平。

对于检验结果的经济意义，就卖空活跃度(SSR)而言，第(1)列的回归系数为 0.0098，意味着卖空活跃度每提高 1%，企业产能利用率就提高 0.98%。第(2)列加入年份与企业固定效应后，SSR 的回归系数为 0.0144，意味着卖空活跃度每提高 1%，企业产能利用率就提高 1.14%。由此可见，卖空活跃度确实对企业产能利用率产生了显著的提升作用。

表 2 卖空机制与企业产能利用率：基本回归结果

变量	Cu	
	(1)	(2)
SSR	0.0098***	0.0144***
	(3.22)	(3.86)
Q	−0.0006***	−0.0005***
	(−7.39)	(−6.21)
assets	0.0213***	0.0175***
	(7.92)	(5.82)
debt	−0.1083***	−0.1620***
	(−8.16)	(−11.14)
age	0.0016***	0.0002
	(3.34)	(0.36)
worker	−0.7587***	−0.7228***
	(−6.09)	(−5.45)
top	0.0001	0.0002
	(0.92)	(1.18)
常数项	−0.5313***	−0.3413***
	(−9.45)	(−5.29)
年份	未控制	控制
企业	未控制	控制
R^2	0.916	0.925

注：*** 表示在 1% 的统计水平上显著；括号内为 t 值。

四、因果识别

（一）转融券与企业产能利用率：自然实验

以上研究结果虽然初步表明卖空机制对企业产能利用率的提高起到显著的促进作用，但由此认为卖空机制是产能利用率提高的原因，理由并不充足。第一，是否存在某些遗漏变量同时影响卖空行为与企业产能利用率？第二，企业产能利用率是否会影响到投资者的卖空决策？这两个问题都可能导致内生性问题。

为解决上述内生性问题，在反事实框架下寻找一个外生事件作为自然实验最切近要义。我们认为，中国股市的转融券制度为研究卖空提供了绝佳的自然实验场景:其一,转融券制度的推出直接影响卖空行为,从而满足相关性条件。中国证券金融股份有限公司自 2013 年 2 月 28 日起对融资融券标的股票推行转融券业务,在该制度推行以后,可融股票出现外生增加。其二,转融券标的并非依据企业特征选入,不受企业行为的影响。

截至 2015 年,转融券共经历四次扩容,最终达到 893 只。为衡量这一制度的因果效应,参照 Brogaard et al.(2017)的做法,本文仅保留 2013 年转融券制度推行前后各一年的数据(即 2012—2014 年的数据),以 2013 年加入转融券的企业作为实验组[1],以没有加入转融券的两融标的作为对照组。此外,本文剔除了 2014 年、2015 年加入转融券的企业,因为这些企业占可卖空企业的比例太高,无法找到相应的对照组。具体地,我们采用双重差分法估计如下模型:

$$Cu_{i,t} = \alpha_0 + \alpha_1 \text{treat}_{i,t} \times \text{after}_{i,t} + + \sum \alpha_k \text{controls} + \theta_i + \mu_t + \varepsilon_{i,t} \quad (2)$$

其中,$\text{treat}_{i,t}$ 为组别虚拟变量,若企业属于转融券标的则取值为 1,否则取值为 0;$\text{after}_{i,t}$ 为事件虚拟变量,若观测值处于 2013 年及以后则取值为 1,否则取值为 0。控制变量与模型(1)保持一致。

由表 3 第(1)列可知,在只加入企业层面财务变量的情形下,$\text{treat}_{i,t} \times \text{after}_{i,t}$ 的系数在 1‰的统计水平上显著为正;第(2)列进一步加入年份与企业虚拟变量,$\text{treat}_{i,t} \times \text{after}_{i,t}$ 的系数依然在 1‰的统计水平上显著为正。这表明卖空机制确实对企业产能利用率产生了显著的积极影响。以上一系列的检验结果为本文的理论预期提供了支持证据,也为中国情景下卖空机制对实体经济的影响提供了重要的经验证据。

表 3 转融券与企业产能利用率:自然实验估计结果

变量	Cu	
	(1)	(2)
treat×after	0.0125***	0.0150***
	(3.25)	(3.30)
Q	0.0031	0.0097
	(0.28)	(1.03)
assets	0.0066	0.0102
	(0.27)	(0.43)

[1] 实际上,在 2013 年,转融券标的进行过两次扩容,由于两次距离很近,我们将这两次扩容合并为一次。

续表

变量	Cu	
	(1)	(2)
debt	−0.4312***	−0.3709***
	(−3.81)	(−3.44)
age	0.0073**	0.0021
	(2.16)	(0.70)
worker	−8.4717***	−8.3372***
	(−4.78)	(−3.99)
top	0.0012	0.0037***
	(1.16)	(3.76)
常数项	0.5992	0.2184
	(1.13)	(0.40)
年份	未控制	控制
企业	未控制	控制
R^2	0.078	0.304

注：**、***分别表示在5%和10%的统计水平上显著；括号内为 t 值。

（二）转融券与企业产能利用率：按产能利用率高低分组

上述双重差分检验结果表明，卖空机制与企业产能利用率确实存在因果关系。为了进一步增强因果推断的有效性，我们做出如下预期：如果转融券制度能够提高企业产能利用率，那么这一效应在产能利用率较低的企业中将表现得更加明显。为了验证这一猜测，我们将企业产能利用率由高到低分成四组进行分组回归，结果如表4所示。第（1）列为最高组的结果，第（4）列为最低组的结果。可以看出，$\text{treat}_{i,t} \times \text{after}_{i,t}$ 的系数和显著性随着产能利用率的下降而提高。以上统计结果说明：第一，卖空机制对产能利用率较低企业的激励效应要显著大于对产能利用率较高企业的激励效应；第二，卖空机制对产能利用率较低企业的绩效提升更为有利。因此，如果想要通过资本市场提高产能利用率较低企业的绩效，就应当将完善融券制度、扩大融券标的范围放在重要位置。可见，这一部分的估计结果支持了我们的预期，即转融券制度对企业产能利用率的提升效应在产能利用率较低的企业中表现得更加明显。同时该结果也表明，本文对卖空机制与企业产能利用率之间的因果推断是有效的。

表 4 转融券与企业产能利用率：按产能利用率高低分组

变量	Cu			
	(1)	(2)	(3)	(4)
treat×after	0.0059	0.0082*	0.0215**	0.0366***
	(0.57)	(1.68)	(2.41)	(3.98)
Q	0.0048	0.0024	0.0027	0.0163
	(1.54)	(0.77)	(0.58)	(1.15)
assets	0.0184**	0.0019	0.0255***	0.0287*
	(2.49)	(0.32)	(3.23)	(1.87)
debt	−0.0093	−0.0006	−0.0051	−0.0955
	(−0.34)	(−0.03)	(−0.12)	(−1.32)
age	0.0001	0.0003	0.0033***	0.0006
	(0.09)	(0.44)	(2.77)	(0.27)
worker	−0.6553	−0.5556	−0.5853	−2.3109
	(−1.34)	(−1.58)	(−1.46)	(−1.35)
top	0.0003	0.0003	0.0009**	0.0005
	(1.10)	(1.15)	(2.03)	(0.65)
常数项	0.2712	0.3442**	0.9612***	0.8360**
	(1.48)	(2.52)	(5.20)	(2.36)
年份	控制	控制	控制	控制
企业	控制	控制	控制	控制
R^2	0.397	0.184	0.368	0.890

注：***、**、*分别表示在1%、5%和10%的统计水平上显著；括号内为 t 值。

（三）转融券与企业产能利用率：采用倾向得分匹配法

在本部分我们利用倾向得分匹配法重新选择对照组，然后再运用双重差分法对本文的基本假设进行检验。与单变量匹配的差别是，倾向得分匹配可以按照企业多个维度的变量选择对照组，从而可以最大限度地避免自选择问题对估计结果的潜在干扰。本文将转融券标的企业与非转融券标的企业作为筛选样本，对转融券标的企业进行匹配。具体而言，本文采用如下方法：首先，将样本随机化，估计出一个 Logit 模型，若企业为转融券标的则取值为 1，否则取值为 0。其中，我们选择的匹配变量为模型(1)的控制变量。其次，计算倾向得分，并寻找特征最匹配的非转融券标的企业。最后，重新运用双重差分法进行估计。

表 5 的回归结果与基本结果保持一致。这意味着在有效缓解可能存在的自选择问题对本文估计结果的干扰之后,转融券制度依然对企业产能利用率产生了明显的促进作用。

表 5 转融券与企业产能利用率:采用倾向得分匹配法

变量	Cu	
	(1)	(2)
treat×after	0.0132***	0.0152***
	(3.32)	(3.09)
Q	0.0009	0.0019
	(0.08)	(0.18)
assets	0.0176	0.0130
	(0.78)	(0.54)
debt	−0.3975***	−0.4167***
	(−3.57)	(−3.78)
age	0.0052	0.0043
	(1.53)	(1.28)
worker	−8.4425***	−8.4363***
	(−4.94)	(−4.96)
top	0.0012	0.0012
	(1.13)	(1.13)
常数项	0.3783	0.5659
	(0.75)	(1.04)
年份	未控制	控制
企业	未控制	控制
R^2	0.170	0.176

注:*** 表示在 1% 的统计水平上显著;括号内为 t 值。

(四)转融券与企业产能利用率:安慰剂检验

为了进一步保证本文研究结果的可靠性,本文还进行了安慰剂检验:将样本替换为非融资融券标的企业样本。由于转融券制度主要针对融资融券标的企业,因此非融资融券标的企业将不会受到影响,否则可能是其他因素在发挥作用。表 6 报告了转融券制度对非融资融券标的企业的产能利用率影响的回归结果,由表中可知,treat×after 的系数均不显著。

表6 转融券与企业产能利用率:安慰剂检验

变量	Cu	
	(1)	(2)
treat×after	0.0048	0.0367
	(0.09)	(0.62)
Q	−0.0004	−0.0004
	(−1.57)	(−1.46)
assets	−0.0174*	−0.0091
	(−1.88)	(−0.96)
debt	0.6181***	0.6190***
	(13.34)	(13.06)
age	0.0049***	0.0061***
	(3.09)	(3.70)
worker	−6.0741***	−6.0748***
	(−15.00)	(−14.98)
top	0.0012**	0.0012**
	(2.26)	(2.14)
常数项	0.8979***	0.7013***
	(4.74)	(3.60)
年份	未控制	控制
企业	未控制	控制
R^2	0.069	0.072

注:***、**、*分别表示在1%、5%和10%的统计水平上显著;括号内为 t 值。

五、机制检验

在上一部分,我们通过转融券制度这一外生冲击有效缓解了卖空机制与企业产能利用率之间的内生性问题。除此之外,我们还关心卖空机制是否真的通过股价信息含量渠道和高管权益薪酬渠道影响企业产能利用率。接下来,本文通过传导机制检验回答这些疑问。

(一) 机制识别策略1:中介效应模型

本节中,我们通过中介效应模型对卖空机制影响企业产能利用率的传导机制进行检验。具体来讲,我们通过如下两步法进行检验:第一步,以中间传导变量(股价信息含量、高管权益薪酬)作为被解释变量进行回归,以验证转融券对中间传导变量的影响;第二步,在模型(2)的基础上分别引入股价信息含量、高管权益薪酬等变量,考察转融券是否通过上述中间传导变量影响企业产能利用率。

1. 对股价信息含量渠道的检验

本文检验卖空机制对股价信息含量的影响。关于股价信息含量的衡量,本文借鉴 Morck et al.(2000)的方法,通过以下模型将个股收益率方差分解为市场收益率方差与公司特质方差两部分:

$$r_{it,w} = \alpha_0 + \alpha_1 \times r_{mt,w} + \varepsilon_{it,w} \tag{3}$$

其中,$r_{it,w}$ 为第 t 年 i 公司股票周收益率,$r_{mt,w}$ 为市场周收益率,$\varepsilon_{it,w}$ 为残差。模型的拟合优度 $R_{i,t}^2$ 表示市场收益率对个股收益率的解释力,$(1-R_{i,t}^2)$ 衡量公司特质信息对个股收益率的解释力。股价信息含量 $\text{SYN}_{i,t}$ 定义为:

$$\text{SYN}_{i,t} = \ln[(1-R_{i,t}^2)/R_{i,t}^2] \tag{4}$$

若 $\varepsilon_{it,w}$ 的方差上升,则拟合优度 $R_{i,t}^2$ 变小,此时股价信息含量 $\text{SYN}_{i,t}$ 变大。表 7 第(1)列和第(2)列利用中介效应模型检验股价信息含量渠道是否成立。其中,第(1)列的回归结果显示,卖空机制对股价信息含量的影响在 1% 的统计水平上显著为正。在第(2)列对企业产能利用率的回归中,新增变量股价信息含量(SYN)的系数在 1% 的统计水平上显著,此时 treat×after 的系数由原来的 0.0150 变为 0.0057,并且显著性水平由原来的 1% 降为 5%。以上结果充分表明,卖空机制确实会通过股价信息含量渠道提高企业产能利用率。

2. 对高管权益薪酬渠道的检验

沿袭前面的做法,首先,本文以高管权益薪酬(option)作为被解释变量,检验卖空机制对高管权益薪酬的影响。其中,关于高管权益薪酬的衡量,本文借鉴 Bergstresser et al.(2006)、陈胜蓝和马慧(2017)的方法,具体变量定义如下:

$$\text{option}_{i,t} = 0.01 \times \text{price}_{i,t} \times (\text{Cshares}_{i,t} + \text{options}_{i,t})/[0.01 \times \text{price}_{i,t} \times \\ (\text{Cshares}_{i,t} + \text{options}_{i,t}) + \text{Cashpay}_{i,t}] \tag{5}$$

其中,$\text{price}_{i,t}$ 为第 t 年年末 i 公司股票收盘价;$\text{Cshares}_{i,t}$ 与 $\text{options}_{i,t}$ 分别为 i 公司 CEO 在第 t 年年末持有的股票数和期权数;$\text{Cashpay}_{i,t}$ 为 CEO 当年薪酬。

表 7 第(3)列和第(4)列利用中介效应模型检验高管权益薪酬渠道是否成立。其中,第(3)列的回归结果显示,卖空机制对高管权益薪酬的影响在 1% 的统计水平上显著为正。在第(4)列对企业产能利用率的回归中,新增变量高管权益薪酬(option)的系数在 1% 的统计水平上显著,此时 treat×after 的系数由

原来的 0.0150 变为 0.0032,并且显著性水平由原来的 1% 降为 10%。以上结果充分表明,高管权益薪酬渠道在卖空机制与产能利用率之间发挥着重要的中介作用。

表 7 机制检验:中介效应模型

变量	SYN (1)	Cu (2)	option (3)	Cu (4)
SYN		0.0221***		
		(3.35)		
option				0.0041***
				(3.45)
treat×after	0.0565***	0.0057**	0.0795***	0.0032*
	(3.86)	(2.32)	(3.42)	(1.76)
Q	0.0771***	0.0142***	0.0201*	0.0100***
	(3.69)	(3.71)	(1.82)	(3.06)
assets	0.2516***	0.0064	0.0298	0.0004
	(6.90)	(0.92)	(1.41)	(0.06)
debt	−0.3535**	−0.0250	−0.0029	−0.0416
	(−2.00)	(−0.71)	(−0.03)	(−1.26)
age	0.0136**	0.0038***	0.0046	0.0036***
	(2.52)	(3.71)	(1.11)	(3.66)
worker	−0.5512	−0.0798	−1.2166	−0.0517
	(−0.32)	(−0.29)	(−1.38)	(−0.20)
top	0.0042**	0.0011***	0.0017	0.0009**
	(2.22)	(2.99)	(1.47)	(2.52)
常数项	5.2314***	0.0436	0.4014	0.1736
	(6.50)	(0.28)	(0.85)	(1.16)
年份	控制	控制	控制	控制
企业	控制	控制	控制	控制
R^2	0.167	0.918	0.011	0.923

注:***、**、* 分别表示在1%、5%和10%的统计水平上显著;括号内为 t 值。

(二) 机制识别策略 2:分组检验法

为了更好地厘清卖空行为影响企业产能利用率的作用机制,增强结果的可靠性,我们借鉴倪骁然和朱玉杰(2017)、张睿等(2018)的分组检验法,进一步对传导机制进行检验。

1. 对股价信息含量渠道的检验

卖空限制放松以后,股价信息含量效应的发挥与企业本身的信息环境有很大关系,可以设想:如果卖空机制通过股价信息含量渠道提高企业产能利用率,那么这一作用机制应该在信息环境较差的企业中表现得更加明显。现有文献表明,分析师一般是训练有素的经济观察者,可以更全面地从宏观经济环境、行业发展、企业等各个角度提炼出有价值的信息,并且将这些与目标企业相关的信息不断融入股价中。所以,分析师跟踪频率较高在一定程度上限制了卖空投资者挖掘私有信息的空间,会削弱卖空投资者给企业带来的"信息效应";而在分析师跟踪频率较低的企业中,卖空机制更有利于缓解企业在改善产能利用率过程中面临的信息不足问题。以上分析表明,如果卖空机制通过股价信息含量渠道提高企业产能利用率,那么这一效果应该在分析师跟踪频率较低的企业中表现得更加明显。

本文根据分析师跟踪频率的中位数将样本分为两组。表8第(1)列为分析师跟踪频率高组的结果,$treat_{i,t} \times after_{i,t}$的系数不显著;第(2)列为分析师跟踪频率低组的结果,$treat_{i,t} \times after_{i,t}$的系数显著为正。上述结果表明,在分析师跟踪频率较低的企业中,卖空机制对提升企业产能利用率的作用更为有效。

表8 机制检验:分组检验法

变量	Cu			
	(1)	(2)	(3)	(4)
treat×after	0.0065	0.0203***	0.0112	0.0136**
	(1.32)	(2.87)	(0.60)	(2.37)
Q	0.0151***	0.0051	0.0110***	0.0079*
	(3.46)	(1.12)	(2.75)	(1.81)
assets	0.0130	0.0297**	0.0001	0.0147
	(1.37)	(2.32)	(0.00)	(1.29)
debt	−0.0523	−0.0409	−0.0984**	−0.0025
	(−1.08)	(−0.71)	(−2.46)	(−0.04)
age	0.0041***	0.0028*	0.0045***	0.0021
	(3.14)	(1.77)	(3.38)	(1.38)
worker	−0.3211	−0.7213	−0.6176*	−0.7626
	(−1.21)	(−1.00)	(−1.76)	(−1.61)
top	0.0007	0.0016***	0.0001	0.0014***
	(1.50)	(2.87)	(0.31)	(2.77)

续表

变量	Cu			
	(1)	(2)	(3)	(4)
常数项	0.4073*	0.5079*	0.2135	0.2139
	(1.92)	(1.78)	(0.82)	(0.85)
年份	控制	控制	控制	控制
行业	控制	控制	控制	控制
R^2	0.919	0.929	0.889	0.953

注：***、**、*分别表示在1%、5%和10%的统计水平上显著；括号内为 t 值。

2. 对高管权益薪酬渠道的检验

卖空限制放松以后，高管权益薪酬效应的发挥与企业高管本身的薪酬业绩敏感性紧密关联，可以设想：如果卖空机制通过高管权益薪酬渠道提高企业产能利用率，那么这一效应在高管权益薪酬较低的企业中更为显著。现有研究表明，产品市场竞争是一种特殊的治理机制（陈怡欣等，2018）。在市场竞争中，企业面临较大的经营压力，此时企业高管的薪酬业绩敏感性相对较高，进而会对企业产能利用率产生积极影响。一方面，市场竞争越激烈，高管的卸责、商业帝国构建等行为越容易被外部投资者发现，这必然会使企业管理层与股东之间产生利益趋同效应，提高企业管理层的薪酬业绩敏感性会使企业管理层更加慎重地配置企业资源，从而提高企业产能利用率；另一方面，产品市场竞争越激烈，企业之间越容易形成某种标尺竞争（陈胜蓝和马慧，2017），这种标尺竞争的存在会使企业股东更加关注企业的资源配置行为，如果企业的产能利用情况有损企业价值，高管就可能遭遇降薪甚至解聘威胁。基于此，我们推测，产品市场竞争提高了管理层的薪酬业绩敏感性，此时卖空机制的高管权益薪酬效应发挥作用的空间较小；相反，当产品市场竞争程度较低时，卖空机制的高管权益薪酬效应可以得到更好的发挥。可见，如果卖空机制通过高管权益薪酬渠道提高企业产能利用率，那么这一作用效果应该在产品市场竞争程度较低的企业中表现得更加明显。

我们根据衡量垄断程度的赫芬达尔指数的中位数将企业样本分为垄断程度低（即竞争程度高）与垄断程度高（即竞争程度低）两组。表8第（3）列为垄断程度低组的回归结果，$treat_{i,t} \times after_{i,t}$ 的系数不显著；第（4）列为垄断程度高组的回归结果，$treat_{i,t} \times after_{i,t}$ 的系数显著为正。回归结果的差异性表明，卖空机制对企业产能利用率的提升作用在产品市场竞争程度较低的企业中表现得更加明显。这一结果再次表明，卖空机制确实可以通过高管权益薪酬渠道对企业产能利用率的提高产生激励效应。

(三) 排除其他可能的影响机制

现有研究表明,投资者情绪可能导致过度投资(崔晓蕾等,2014),进而引发企业产能利用率下降。卖空机制之所以提高了企业产能利用率,有可能是通过降低投资者情绪来实现的。如果上述逻辑成立,那么卖空机制与企业产能利用率的正相关关系应该在投资者情绪较高的子样本中表现得更加明显。参照现有文献(张静等,2018),采用个股换手率衡量投资者情绪,该指标值越大意味着投资者情绪越高。我们按照投资者情绪指标的中位数,将样本分为两组。表9第(1)列和第(2)列分别为投资者情绪较低组和投资者情绪较高组的回归结果,由表中可知,treat×after 的系数在投资者情绪较低组更为显著,绝对值也更大,表明投资者情绪并非卖空机制影响企业产能利用率的作用渠道。

表 9 排除其他可能的影响机制

变量	Cu	
	(1)	(2)
treat×after	0.0203***	0.0107*
	(3.78)	(1.76)
Q	0.0238***	0.2005***
	(7.89)	(7.09)
assets	0.0127**	0.0429***
	(2.54)	(4.43)
debt	−0.1500***	−0.0835***
	(−5.98)	(−4.54)
age	0.0021**	0.0024***
	(2.24)	(4.11)
worker	−0.3794	−0.8107***
	(−1.43)	(−6.03)
top	0.0003	0.0001
	(1.16)	(0.25)
常数项	0.2212**	0.9460***
	(1.99)	(10.08)
年份	控制	控制
企业	控制	控制
R^2	0.891	0.936

注:***、**、*分别表示在1%、5%和10%的统计水平上显著;括号内为 t 值。

六、稳健性检验

(一) 变量替换

本文借鉴钱爱民和付东(2017)的方法,以产能利用率(Cu)的75%分位数为临界值设置虚拟变量。若Cu小于临界值,则虚拟变量取值为1,表示产能利用率低;若Cu大于临界值,则虚拟变量取值为0,表示产能利用率高。表10第(1)列是该虚拟变量与卖空机制关系的回归结果。由表中可知,$treat_{i,t} \times after_{i,t}$的系数在5%的统计水平上显著为负,表明卖空机制抑制了企业产能过剩,与本文结果保持一致。

此外,本文借鉴修宗峰等(2013)的方法,利用固定资产周转率的倒数衡量产能利用率,该值越大表示产能利用率越低。表10第(2)列是该变量与卖空机制关系的回归结果。$treat_{i,t} \times after_{i,t}$的系数在1%的统计水平上显著为负,表明卖空机制抑制了企业产能过剩,进一步证实了本文结果的可靠性。

表 10 变量替换

变量	(1)	(2)
treat×after	−0.0184**	−0.0198***
	(−2.33)	(−3.50)
Q	−0.0289*	−0.0440***
	(−1.77)	(−4.57)
assets	−0.0440	0.0495
	(−0.45)	(1.34)
debt	0.4891	0.2389
	(1.03)	(1.57)
age	−0.0030	−0.0090**
	(−0.24)	(−2.36)
worker	3.0119	1.4449
	(0.68)	(0.98)
top	−0.0115**	−0.0004
	(−2.41)	(−0.34)
常数项	4.5404**	0.3722
	(2.27)	(0.46)
年份	控制	控制
行业	控制	控制
R^2	0.238	0.437

注:***、**、*分别表示在1%、5%和10%的统计水平上显著;括号内为t值。

（二）工具变量法

本文参考王化成等（2015）的做法，利用同行业同年度其他企业的卖空活跃度（SSRd）的均值作为目标企业卖空活跃度的工具变量，理由是：一方面，从相关性的角度来看，同行业同年度的其他企业与目标企业面临相同的宏观经济环境以及相似的行业特征，因而同行业中其他企业的卖空活跃度可能与目标企业的卖空活跃度高度相关；另一方面，尚未有证据表明，同行业中其他企业的卖空活跃度会通过目标企业卖空活跃度以外的渠道影响目标企业产能利用率。因此，我们认为，工具变量（SSRd）应该满足排他性约束的条件。

表 11 第（1）列显示了第一阶段回归结果，从表中可以看出，同行业其他企业卖空活跃度的均值（SSRd）在 1% 的统计水平上显著为正，表明 SSRd 与 SSR 高度相关。第（2）列考察在使用工具变量回归的前提下，卖空活跃度对企业产能利用率是否还存在影响。由表中可知，卖空活跃度 SSR 的系数显著为正。以上结果再次表明，卖空机制对企业产能利用率的提升起到了显著的促进作用。

表 11　工具变量法估计结果

变量	SSR （1）	Cu （2）
SSRd	0.5585***	
	(8.78)	
SSR		0.0802***
		(3.65)
Q	0.0000***	0.0005
	(3.30)	(1.11)
assets	0.0010***	0.0499***
	(16.64)	(3.97)
debt	0.0018***	−0.1494***
	(6.05)	(−4.66)
age	0.0000	0.0008
	(0.06)	(1.36)
worker	0.0071***	−0.7770***
	(2.83)	(−4.30)
top	−0.0000***	0.0003
	(−4.32)	(1.52)

续表

变量	SSR (1)	Cu (2)
常数项	−0.0214***	−1.0506***
	(−16.52)	(−4.07)
年份	控制	控制
企业	控制	控制
第一阶段 F 值	67.420	
R^2	0.224	0.891

注:*** 表示在1%的统计水平上显著;括号内为 t 值。

七、结　　论

本文以我国资本市场独特的转融券制度为外生冲击构造自然实验,考察了卖空机制对企业产能利用率的因果影响,并对其作用机理进行了分析。研究发现:其一,卖空机制提高了企业产能利用率;其二,在利用中介效应模型、分组检验法对传导机制进行考察后发现,卖空机制主要通过股价信息含量渠道和高管权益薪酬渠道提高企业产能利用率。本文的研究结果在总体上证实了卖空机制对实体经济的积极作用。

本文为卖空制度的完善和上市公司产能利用率水平的提升提供了新的启示:(1)监管部门应继续推行并完善融券制度,使卖空机制的股价信息含量渠道与高管权益薪酬渠道更加畅通,进而使卖空机制进一步促进企业产能利用率的提高;(2)监管部门在扩大可卖空名单时,应尽量选择高管薪酬业绩敏感性较低、信息环境较差的上市公司作为融券标的;(3)监管者、市场投资者和学术界应协同合作,继续探索卖空机制的底层规律,完善融资融券制度监管细则,以期化解卖空机制可能带来的风险,并使其稳定资本市场、规范上市公司行为的作用得到更充分的发挥。

参　考　文　献

陈晖丽,刘峰,2014.融资融券的治理效应研究:基于公司盈余管理的视角[J].会计研究(9):45-52.

陈胜蓝,马慧,2017.卖空压力与公司并购:来自卖空管制放松的准自然实验证据[J].管理世界(7):142-156.

陈怡欣,张俊瑞,汪方军,2018.卖空机制对上市公司创新的影响研究:基于我国融资融券制度的自然实验[J].南开管理评论(2):62-74.

崔晓蕾,何婧,徐龙炳,2014.投资者情绪对企业资源配置效率的影响:基于过度投资的视角[J].上海财经大学学报(哲学社会科学版)(3):86-94.

顾乃康,周艳利,2017.卖空的事前威慑、公司治理与企业融资行为:基于融资融券制度的准自然实验检验[J].管理世界(2):120-134.

顾琪,陆蓉,2016.金融市场的"劣汰"机制:基于卖空机制与盈余管理的研究[J].财贸经济(5):60-75.

顾琪,王策,2017.融资融券制度与市场定价效率:基于卖空摩擦的视角[J].统计研究(1):82-92.

郝项超,梁琪,李政,2018.融资融券与企业创新:基于数量与质量视角的分析[J].经济研究(6):129-143.

靳庆鲁,侯青川,李刚,等,2015.放松卖空管制、公司投资决策与期权价值[J].经济研究(10):76-88.

李栋栋,陈涛琴,2017.卖空压力影响公司融资约束吗:基于中国 A 股上市公司的实证证据[J].经济理论与经济管理(10):73-89.

李君平,徐龙炳,2015.资本市场错误定价、融资约束与公司投资[J].财贸经济(3):88-102.

倪骁然,朱玉杰,2017.卖空压力影响企业的风险行为吗:来自 A 股市场的经验证据[J].经济学(季刊)(3):320-345.

钱爱民,付东,2017.信贷资源配置与企业产能过剩:基于供给侧视角的成因分析[J].经济理论与经济管理(4):30-41.

权小锋,尹洪英,2017.中国式卖空机制与公司创新:基于融资融券分步扩容的自然实验[J].管理世界(1):128-144.

王化成,曹丰,叶康涛,2015.监督还是掏空:大股东持股比例与股价崩盘风险[J].管理世界(2):45-57.

修宗峰,黄健柏,2013.市场化改革、过度投资与企业产能过剩:基于我国制造业上市公司的经验证据[J].经济管理(7):1-12.

张静,王生年,吴春贤,2018.会计稳健性、投资者情绪与资产误定价[J].中南财经政法大学学报(1):24-32.

张睿,张勋,戴若尘,2018.基础设施与企业生产率:市场扩张与外资竞争的视角[J].管理世界(1):96-110.

褚剑,方军雄,于传荣,2017.卖空约束放松与银行信贷决策[J].金融研究(12):111-126.

BROGAARD J, LI D, XIA Y, 2017. Stock liquidity and default risk[J]. Journal of financial economics, 124(3): 486-502.

CHEN Q, GOLDSTEIN I, JIANG W, 2007. Price informativeness and investment sensitivity to stock price[J]. Review of financial studies, 20(3): 619-650.

DE ANGELIS D, GRULLON G, MICHENAUD S, 2017. The effects of short-selling threats on incentive contracts: evidence from an experiment[J]. Review of financial studies, 30(7/8): 262-263.

GRULLON G, MICHENAUD S, WESTON P, 2015. The real effects of short-selling constraints[J]. Review of financial studies, 28(6): 1737-1767.

KARPOFF J M, LOU X, 2010. Short sellers and financial misconduct[J]. The journal of finance, 65(5): 1879-1913.

KOT W, 2007. What determines the level of short-selling activity[J]. Financial management, 36(4): 123-141.

MILLER M, 1977. Risk, uncertainty, and divergence of opinion[J]. The journal of finance, 32(4): 1151-1168.

MORCK K, YEUNG B, WU W, 2000. The information content of stock markets: why do emerging markets have synchronous stock price movements[J]. Journal of financial economics, 58(1): 215-260.

PHILIPPON T, BERGSTRESSER D, 2006. CEO incentives and earnings management[J]. Journal of financial economics, 80(3): 511-529.

图书在版编目(CIP)数据

中国会计评论.第 19 卷.第 4 期 / 王立彦等主编.—北京:北京大学出版社,2021.12

ISBN 978-7-301-33305-1

Ⅰ.①中… Ⅱ.①王… Ⅲ.①会计—中国—丛刊 Ⅳ.①F23-55

中国版本图书馆 CIP 数据核字(2022)第 160193 号

书　　　名	中国会计评论(第 19 卷　第 4 期) ZHONGGUO KUAIJI PINGLUN(DI-SHIJIU JUAN　DI-SI QI)
著作责任者	王立彦等　主编
责 任 编 辑	李　娟
标 准 书 号	ISBN 978-7-301-33305-1
出 版 发 行	北京大学出版社
地　　　址	北京市海淀区成府路 205 号　100871
网　　　址	http://www.pup.cn
微信公众号	北京大学出版社　北京大学经管书苑
电 子 信 箱	em@pup.cn
电　　　话	邮购部 010-62752015　发行部 010-62750672　编辑部 010-62752926
印 刷 者	三河市北燕印装有限公司
经 销 者	新华书店
	787 毫米×1092 毫米　16 开本　10.75 印张　197 千字 2021 年 12 月第 1 版　2021 年 12 月第 1 次印刷
定　　　价	48.00 元 International Price：$48.00

未经许可,不得以任何方式复制或抄袭本书之部分或全部内容。

版权所有,侵权必究

举报电话:010-62752024　电子信箱:fd@pup.pku.edu.cn

图书如有印装质量问题,请与出版部联系,电话:010-62756370

《中国会计评论》征订

《中国会计评论》是一本与国际学术研究相接轨、积极关注中国会计与财务问题的大型会计理论学术期刊,由北京大学、清华大学、北京国家会计学院发起,多所综合大学联合主办,北京大学出版社出版,主要面向大学会计教育界和学术界发行。

本刊力求为中国会计理论界提供一个学术交流聚焦点,为会计界学者提供一个高水平的研究成果发表平台。本刊的研究风格是:用国际规范的方法,研究中国的本土经济现象,为中国会计理论学科的发展走向世界铺路搭桥。我们希望并相信,在会计理论界的共同努力下,《中国会计评论》能够发表一系列开创性的、具有影响力的研究成果,培育出一大批具备敏锐眼光的杰出会计学者。

《中国会计评论》为大16开,每期180页左右。本刊印刷装帧考究,内容深刻,极富学术参考价值和保存价值,是有志于学习现代会计前沿理论和方法并以之研究中国本土问题的学者和学生的必读刊物,同时也是最好的学术发表平台之一。

我们诚挚地邀请海内外学者共襄盛举,踊跃投稿和订阅,为中国会计和财务理论的繁荣奉献力量。

征 订 回 执

书　名	订阅年度	订　数	汇款金额
《中国会计评论》 每期定价: 58.00元/册(含邮费)	□ 2021年共4期	共计　　　期 每期　　　册 总计　　　册	＿＿＿＿＿元 (总册数×58元/册)
发票信息	名称: 纳税人识别号:		
收书信息 (姓名/地址/邮编/电话)			
汇款单位(人)		电话/手机 E-mail	

☆ **电汇信息:**
户名:北京大学出版社有限公司校园文化服务分公司
开户银行:工行北京海淀西区支行
账号:0200 0045 0920 1275 270

"汇款单"填写说明:请您务必在备注栏注明"《中国会计评论》书款"及您的联系电话。

☆ **购书流程:**
1. **回复征订单:**请您将此"征订回执"填写完整,E-mail给我们。如对征订单有不清楚之处,请先电话或微信(扫描下方二维码)联系确认。
2. **汇款:**汇款后,请务必将"汇款回执单"E-mail给我们,以便核对是否到账。

☆ **联系方式:**
北京大学出版社有限公司•邮购部(北大书店):
联系人:徐军/迟频　　E-mail:736858469@qq.com
联系电话:010－6275 7515,6275 2015　　手机:1581 083 2067
通信地址:北京市海淀区北京大学新太阳学生中心地下二层,100871

CHINA ACCOUNTING REVIEW (CAR)

China Accounting Review (CAR) is a new accounting journal in Chinese, sponsored by Peking University, Tsinghua University, Beijing National Accounting Institute and ten more universities, and published by the Peking University Press.

The aim of the journal is to provide a publication forum for serious theoretical and empirical research on accounting and finance in China's transitional economy. Papers published in CAR fall into five categories: reviews, regular papers, comments and replies, symposium, and book reviews.

Each issue contains about 180 pages and is printed elegantly with quality paper. English table of contents and an abstract for each paper are provided. The journal brings the reader with the latest developments of accounting and finance research in China. Therefore, it is a must collection for academic libraries and scholars who have an interest in the Chinese accountancy.

CHINA ACCOUNTING REVIEW (CAR)

Order Form

☐ Institutions & Individuals   US $192.00/Volume

Please enclose a check payable to *China Accounting Review* with this order form.

Subscription to		Only checks are accepted
☐ Vol.15 ☐ Vol.19		Currency Options
☐ Vol.16 ☐ Vol.20		☐ RMB ☐ Hong Kong dollar
☐ Vol.17 ☐ Vol.21		☐ Euro ☐ US dollar
☐ Vol.18 ☐ Vol.22		

Name_____

Address_____

City/State/Zip/ Country_____

Phone(   )_____   Fax (   )_____

E-mail_____

Please mail your order and check to *China Accounting Review*, Guanghua School of Management, Peking University, Beijing 100871, China.